AF305664

VENTE

aux Enchères Publiques

les Mardi 10, Mercredi 11, Jeudi 12,
Vendredi 13 et Samedi 14 Février 1914

HOTEL LAWRANCE

7, Rue du Lycée, 7

PAU

MEUBLES

SIÈGES EN TAPISSERIES FINES

des XVIIe et XVIIIe Siècles

GRAVURES EN COULEURS

Tapis d'Orient Anciens

ARGENTERIE

EXEMPLAIRE [illegible]

COMMISSAIRE-PRISEUR

Me FERNAND RIGOULET

NOTAIRE

15, Rue Léon-Daran, 15

PAU

ASSISTÉ DE

M. ERNEST DESCAMPS

EXPERT ASSERMENTÉ

2, Rue Jean-Jacques-Bel, 2

BORDEAUX

CATALOGUE
DE LA DEUXIÈME VENTE LAWRANCE

OBJETS DE VITRINE

Porcelaines et Faïences, Bronzes, diverses Statues.

MEUBLES FINS du XVIIIe SIÈCLE

Tables, Commodes, Bureaux, etc.

SIÈGES

recouverts en Tapisseries d'Aubusson et au point de Louis XIV.

Six Charmants Fauteuils, époque Louis XVI, fins.

GRAVURES

Françaises et Anglaises en Couleurs

dont la « FOIRE du VILLAGE » et le « TAMBOURIN ».

PEINTURES

SUPERBE SÉRIE de 28 TAPIS D'ORIENT ANCIENS

Grande Quantité d'Argenterie

des XVIIIe et XIXe Siècles

Provenant de la Collection de feue Madame F.-C. LAWRANCE

dont la Vente aux Enchères aura lieu

en son Hôtel, 7, Rue du Lycée, à **PAU**

les Mardi 10, Mercredi 11, Jeudi 12, Vendredi 13 et Samedi 14 Février 1914

à 1 h. 12

Par le Ministère de	Assisté de
Me Fernand RIGOULET	**M. Ernest DESCAMPS**
NOTAIRE	EXPERT ASSERMENTÉ
15, Rue Léon-Daran, 15	2, Rue Jean-Jacques Bel, 2
PAU	**BORDEAUX**

EXPOSITION PUBLIQUE

les Dimanche 8 et Lundi 9 Février 1914, de 2 heures à 5 heures.

CONDITIONS de la VENTE

Elle sera faite au comptant.

*Les adjudicataires paieront **10** °/₀ en sus des enchères.*

Aucun objet ne pourra être enlevé avant paiement.

NOTA. - Les Expositions permettant au public de pouvoir se rendre compte de la nature et de l'état des objets, aucune réclamation ne sera admise une fois l'adjudication prononcée.

ORDRE DES VACATIONS

Mardi 10 Février 1914 .. ..
- N⁰ˢ 1 à 41 : Porcelaines et Faïences diverses.
- N⁰ˢ 42 à 70 : Faïences anciennes.
- N⁰ˢ 71 à 121 : Objets divers. Bronzes. Marbres, etc.

Mercredi 11 Février 1914 ....
- N⁰ˢ 122 à 155 : Objets de Vitrine et Fantaisie.
- Sans numéro : Un lot de Gravures modernes.
- N⁰ˢ 156 à 164 : Gravures noires anciennes.
- N⁰ˢ 165 à 178 : Gravures en couleurs anciennes.
- N⁰ˢ 179 à 188 : Dessins. Aquarelles.
- N⁰ˢ 189 à 202 : Peintures.
- N⁰ˢ 203 a 206 : Trumeaux.
- N⁰ˢ 291 à 320 : Tapis d'Orient.

Jeudi 12 Février 1914 ....
- N⁰ˢ 207 à 218 : Meubles fins modernes.
- N⁰ˢ 247 à 254 : Meubles modernes.
- N⁰ˢ 219 à 246 : Meubles anciens.
- N⁰ˢ 255 à 269 : Sièges anciens.
- N⁰ˢ 270 à 277 : Glaces. Consoles dorées.
- N⁰ˢ 278 à 290 : Soies anciennes et modernes.
- et 321 : Commencera l'Argenterie.

Vendredi 13 et Samedi 14 Février 1914 ...... Continuation de l'Argenterie et Ruoltz.

Mardi 17 Février 1914 et jours suivants . ... Mobilier moderne.

*Si **toutefois** il y avait lieu, l'Expert se réserve le droit d'intervertir l'ordre numérique.*

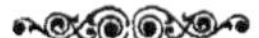

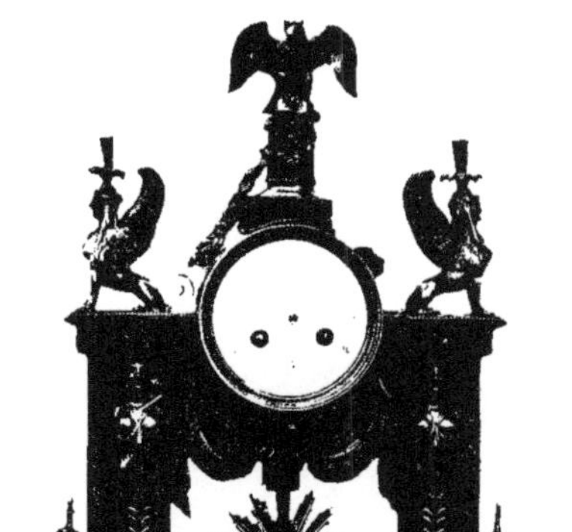

124

122

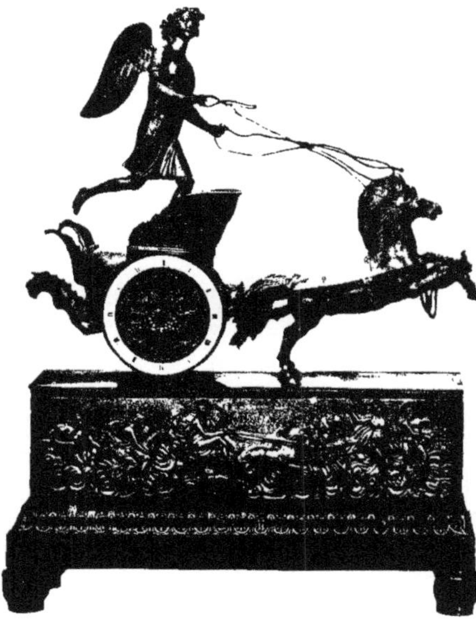

123

125

PORCELAINES ET FAÏENCES DIVERSES

ARTISTIQUES DU XIXe SIÈCLE

(Tradition du XVIIIe siècle.)

1. — *Chantilly* : Deux Cache-Pots octogones, polychrome.

2. — *Japon* : Deux Cache-Pots octogones, polychrome.

3. — *Japon* : Cafetière, polychrome.

4. — *Chine* (Canton) : Grande Coupe, fleurs et personnages et médaillon à réserve.

5. — *Chine* (Canton) : Un lot de cent Assiettes en porcelaine de Canton du milieu du XIXe siècle, décorées de personnages et d'oiseaux à médaillon à réserve sur un fond décor persan *(à diviser)*.

6. — *Sèvres* (Louis-Philippe) : Six Tasses à café, au chiffre du Roi accolé de deux amours sur fond rose.

7. — *Saxe* (Marcolini) : Quatre petites Tasses à café, fleurs en polychrome sur fond blanc.

8. — *Saxe* (genre) : Six Tasses à café, décorées de pastorales et de fleurs sur fond de diverses couleurs.

9. — *Saxe* (genre) : Cafetière, Sucrier et un petit Pot (3 pièces), fleurs roses sur fond blanc et or.

10. — *Sèvres* (genre) : Chocolatière (dite trembleuse) avec son couvercle, décorée de paysages en polychrome sur fond œil-de-perdrix.

11. — *Clignancourt* : Boîte à bonbons, fleurs en polychrome sur fond blanc, et un petit Cache-Pot.

12. — *Saxe* : Paire de Cache-Pots avec guirlandes et fleurs en relief, polychrome.

13. — *Saxe* : Paire de petites Corbeilles ovales ajourées, fleurs en relief en bleu sur fond blanc.

14. — *Saxe* : Deux autres, différentes grandeurs, même genre.

15. — *Saxe* : Sucrier et son couvercle avec sujets divers, paysages marines, etc., sur fond blanc et or.

16. — *Saxe* : Bonze chinois assis, en polychrome, tête et mains mobiles.

17. — *Vienne* : Service à café composé de douze tasses, sujets variés, femmes et amours en polychrome, sur fond bleu de roi et or.

18. — *Vienne* : Service à café composé de quatre tasses, cafetière, pot à lait, sucrier, deux cuillères et son plateau ovale, décoré de sujets à personnages de genres différents, sur fond de couleur et or.

19. — *Sèvres* (genre) : Cinq Assiettes, deux Plateaux à piédouche et trois Coupes, fleurs entourées de bleu et d'or, plus un sucrier à poudre.

20. — *Saxe* : Deux Sucriers à poudre *(avariés)* et une grande Coupe à fruits, avec fleurs en polychrome, sur fond blanc.

21. — *Saxe* : Quatre Coquilles, bords ondulés, fleurs en polychrome, fond blanc.

22. — *Saxe* : Saladier, bords ondulés, fleurs en polychrome, fond blanc.

23. — *Saxe* : Quatre Plateaux ovales, bords ondulés, fleurs en polychrome, fond blanc.

24. — *Saxe* : Quarante Assiettes du même, bords ondulés, fleurs en poly...rome, fond blanc *(à diviser)*.

25. — *Limoges* : Douze Assiettes, décorées d'ornements style Louis XV, d'ors en relief sur fond blanc, le marly, bleu turquoise, chiffrées *(à diviser)*.

26. — *Sèvres* : Le Roi Louis XVI et la Reine Marie-Antoinette, buste blanc et or, hauteur o^{m}30.

27. — *Demi Porcelaine anglaise* : Service à café et à thé, six tasses de chaque, un bol et une assiette, décorés d'oiseaux en polychrome, sur fond bleu de roi et or (xixe siècle).

28. — *Mariembad porcelaine* : Douze Assiettes, portrait de femme célèbre en polychrome, sur fond bleu de roi, cerclé or *(à diviser)*.

29. — *Chine* : Garniture de cinq Potiches, en bleu camaïeu, dont trois hauteur o^{m}45.

30. — *Delft* : Une Bouteille et deux Chandeliers en bleu.

31. — *Cappo di Monté* : Coffret rectangulaire à sujets en relief, en polychrome *(couvercle réparé)*.

32. — *Saxe* : Groupe polychrome ; Amphytrite et amours pêchant, hauteur o^{m}32.

33. — *Saxe* : Grand groupe polychrome, *La toilette de Diane,* hauteur o^{m}38.

34. — *Paris* : Plat creux, décoré de fleurs et papillons avec ors en relief sur fond bleu, diamètre o^{m}30.

35. — *Japon* : Grand Plat creux, décoré de personnages et fleurs, en polychrome et or, diamètre o^m 37.

36. — *Saxe* (attribué) : Service à thé, théière, pot à lait, sucrier, 6 tasses, entièrement décoré de paysages en camaïeu rose bordé d'un galon gros bleu doré, d'un travail très artistique, commencement du xixe siècle *(légère avarie)*.

37. — *Sèvres* (Louis-Philippe) : Paire de grands Cache-Pots à oreilles, décorés d'un galon en polychrome, chiffre du Roi, hauteur o^m 20.

38. — *Saxe* : Paire de Rafraîchisseurs complets, fleurs en polychrome, sur fond blanc, hauteur o^m 25.

39. — *Saxe* : Deux Potiches de forme ovoïde, décorées de guirlandes de roses, sur fond blanc, forme et dessins différents, monture bronze finement ciselé et doré, hauteur o^m 40.

40. — *Japon* : Paire de Potiches décorées en polychrome, monture bronze doré, hauteur o^m 45.

41. — *Paris* : Corbeille ajourée dorée, supportée par deux femmes accroupies, milieu de table du Premier Empire, hauteur o^m 41.

FAÏENCES ET PORCELAINES ANCIENNES

DU XVIIIe SIÈCLE

42. — *Delft* : Deux Cornets *(avariés)*, décorés en bleu camaïeu, hauteur o^m 27, et une Potiche.

43. — *Delft* : Paire de grands Cornets *(avariés)*, décorés en bleu d'oiseaux et fleurs, hauteur o^m 35.

44. — *Delft* : Paire de petits Cornets *(bords évasés)*, bleu, oiseaux et fleurs, légèrement avariés, hauteur o^m 21.

45. — *Delft* : Paire de Cornets, en bleu camaïeu avec relief *(fêlés)*, hauteur o^m 25.

46. — *Delft* : Paire de petites Potiches sans couvercle, décorées d'oiseaux et fleurs, hauteur o^m 19.

47. — *Delft* : Vase forme Médicis, à anses, décors chinois bleus, hauteur o^m 23.

48. — *Delft* : Petite Potiche bleue, complètement décorée d'un semi-fleurettes, hauteur o^m 25 *(avariée)*.

49. — *Delft* : Petite Potiche, décorée de fleurs, en bleu, hauteur 0^{m}24 *(avariée)*.

50. — *Delft* : Petite Potiche bleue, hauteur 0^{m}25 *(avariée)*.

51. — *Delft* : Potiche bleue, décorée de fleurs, hauteur 0^{m}25 *(avariée)*.

52. — *Delft* : Garniture de deux Cornets et trois Potiches, paysages en bleu *(bon état)*, sans couvercles, hauteur 0^{m}20.

53. — *Delft* · Deux Cornets, trois Potiches, fleurs en relief bleu, sans couvercles *(un Cornet avarié)*.

54. — *Delft* : Paire de Bouteilles à col étranglé, bleues, décors chinois *(bon état)*, hauteur 0^{m}30.

55. — *Delft* : Potiche cottelée, oiseaux et fleurs, en bleu *(le couvercle avarié)*, hauteur 0^{m}34.

56. — *Delft* : Plat bleu, décoré, ornements bleus, camaïeu, diamètre 0^{m}32.

57. — *Delft* : Plat bleu, décoré dans le goût persan, diamètre 0^{m}35.

58. — *Delft* : Paire de Vases fleurs en polychrome *(avariés au pied)*, hauteur 0^{m}20, et un Vase de pharmacie italien, décoré en bleu.

59. — *Chine* (Porcelaine) : Paire de grands Vases décorés de chimères en bleu, hauteur 0^{m}45 *(avariés)*.

60. — *Chine* (Porcelaine) : Potiche de forme ovoïde avec couvercle en bleu *(avarié)*, hauteur 0^{m}35.

61. — *Chine* (Porcelaine) : Quatre Plats creux lobés, fleurs en bleu camaïeu.

62. — *Chine* (Porcelaine) : Huit Assiettes, sujets et fleurs en bleu camaïeu.

63. — *Chine* (Porcelaine) : Deux Plats, décorés en bleu, plantes avec corbeille au centre, diamètre 0^{m}27.

64. — *Chine* (Porcelaine) : Deux autres Plats, décorés en bleu, plantes avec corbeille au centre, diamètre 0^{m}27.

65. — *Chine* (Porcelaine) : Deux autres Plats, décorés en bleu, plantes avec corbeille au centre, diamètre 0^{m}27.

66. — *Chine* (Porcelaine) : Deux autres Plats, décorés en bleu, plantes avec corbeille au centre, diamètre 0^{m}27.

67. — *Japon* : Trois Assiettes, bleu, rouge et or.

68. — *Japon* : Un Bol à bouillon et Plateau, bleu, rouge et or.

69. — *Japon* : Un Bol cottelé, bleu, rouge et or.

70. — *Japon* : Jolie petite Théière cottelée, bleu, rouge et or.

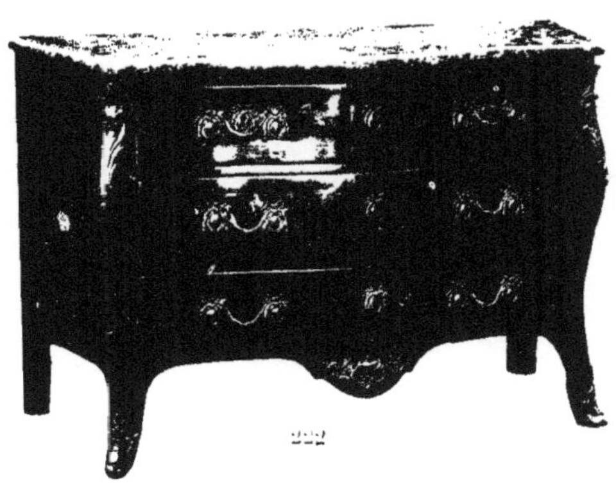

223

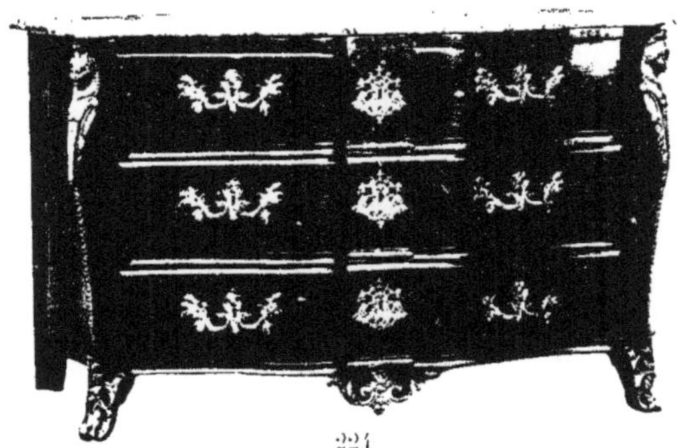

224

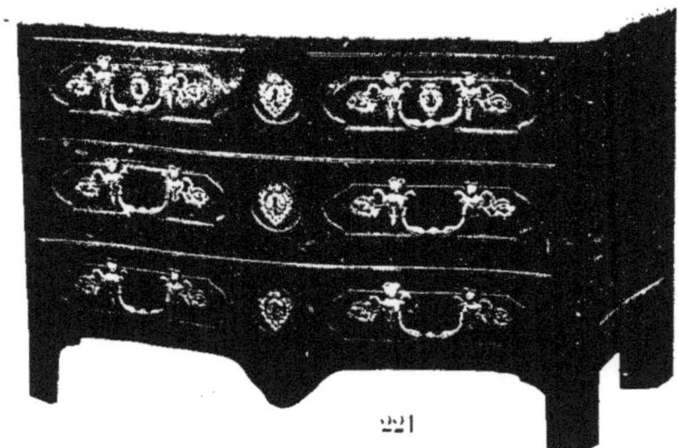

221

OBJETS DIVERS

BRONZES, STATUETTES, ETC.

71. — Quatre petits Flambeaux en cuivre, du Premier Empire.

72. — Une paire Flambeaux en cuivre, style Renaissance.

73. — Paire de petits Flambeaux en cuivre doré, de la Restauration.

74. — Grande paire de Flambeaux en cuivre doré, Premier Empire.

75. — Paire de petits bouts de Table à deux branches, cuivre doré, style Louis XV.

76. — Paire de Flambeaux bronze, style du xvᵉ siècle.

77. — Paire de Flambeaux du xvᵉ siècle.

78. — Paire de Flambeaux, style Louis XV

79. — Paire de Flambleaux, chantournés et argentés, époque Louis XV.

80. — Vide-poche en bronze ciselé, ancien, de Bénarès.

81. — Femme Egyptienne tenant une lyre, statuette bronze moderne, hauteur 0ᵐ40.

82. — *Pierre Corneille*, petit buste en bronze (BARBEDIENNE), hauteur 0ᵐ20.

83. — Petit Bougeoir, bronze moderne, fin, représentant un animal chimérique.

84. — *Bonaparte Consul*, petit buste bronze (BARBEDIENNE), hauteur 0ᵐ20.

85. — Buste de bacchante en bronze, sur socle marbre rouge, hauteur 0ᵐ23 sans le socle.

86. — Deux Druides, bustes en bronze, signés V. EVRARD, hauteur 0ᵐ25.

87. — Brûle-parfum chinois, bronze ancien, hauteur 0ᵐ25.

88. — *Pêcheur portant son enfant sur le dos*, grande statuette ivoire, japon moderne, hauteur 0ᵐ35.

89. — Sanglier presse-papier en bronze argenté.

90. — Coffret fantaisie en chêne, recouvert velours bleu, avec appliques fleurdelisées en bronze.

91. — Petit Coffret moderne, en bois, style roman, longueur 0ᵐ22.

92. — *Le Roi Louis XVI*, buste en marbre blanc, moderne, hauteur 0^m35.

93. — *Petit garçon tenant son chapeau à la main*, statue marbre blanc, de GALLI RIZZARDI (Milano), hauteur 0^m60 *(brisé aux pieds)*.

94. — *La Vénus*, tronquée d'après l'antique, marbre blanc, hauteur 0^m50.

95. — *Tête de jeune Femme*, marbre blanc, moderne, grandeur nature.

96. — *Jeune fille surprise se baignant*, statue marbre blanc de LOMBARDI (signée), hauteur 0^m90, sur colonne de marbre de deux couleurs.

97. — Petite liseuse en bronze à deux lumières, style Louis XVI, finement ciselée et dorée *(complète)*.

98. — Paire de Coupes en bronze à quatre pieds dorés, supportées par des groupes d'enfants (XIXe siècle), hauteur 0^m30.

99. — Grande Coupe en malachite, sur socle de même, hauteur 0^m35 (XIXe siècle) *(avariée)*.

100. — Paire de Statuettes en bleu turquoise, sur socle bleu de roi, représentant *Cupidon*, porcelaine genre Sèvres, hauteur 0^m35.

101. — Paire de petits bouts de Table, bronze doré, à trois lumières, agrémentés d'une statuette bleu turquoise, genre Sèvres, hauteur 0^m35.

102. — Paire de petits Flambeaux, même genre « Flore » et « Cérès », hauteur 0^m20.

103. — Petite Lanterne de vestibule, exagonale, en fer plat, doré, moderne, haut. 0^m60.

104. — Un Parapluie rouge, du Premier Empire, et une Canne en ivoire.

105. — Vase bronze doré et cloisonné, style Renaissance, hauteur 0^m35.

106. — *Les levrettes à la pelote*, bronze, première épreuve, signé P. J. MÈNE, long. 0^m25.

107. — Paire de Coupes en bronze, socle marbre de Sienne, époque Restauration, hauteur 0^m30.

108. — Christ en ivoire, du XIXe siècle, finement sculpté, hauteur 0^m23, dans un cadre style Louis XV, en pâte dorée.

109. — *Attelage Russe*, grand bronze, patine noire, longueur 0^m60, daté de 1871.

110. — Deux paires d'Appliques, style Louis XVI, à trois branches, hauteur 0^m75 *(à diviser)*.

111. — Paire d'Appliques, style Louis XV, à trois branches, hauteur 0^m35.

112. — Paire d'Appliques, style Louis XV, à deux branches, hauteur 0^m45.

113. — Petite paire de Chenets, époque Louis XV, en bronze, hauteur 0^m25.

114. — Petite paire de Chenets, époque Louis XIV, en bronze, hauteur 0^m35.

115. — Grand Lustre, bronze doré, avec cristaux, style Louis XVI, à émaillements de Salambier, 25 lumières.

116. — Paire de Chenets en bronze, ornés de quatre pommes de pin en bronze, époque Louis XIV, hauteur o᭠ 25.

117. — Paire de Chenets, époque Louis XV, en bronze, hauteur o᭠ 40.

118. — Paire de Chenets, époque Louis XVI, très artistique, en bronze, pommes de pin, galerie ajourée et perlée, avec draperie et pieds cannelés, longueur o᭠ 31, hauteur o᭠ 30.

119. — Petite Pendule, style Louis XV, en bronze ciselé, de HEMANT-PARIS, haut. o᭠ 35.

120. — Petite Pendule, style Régence, écaille incrustée d'ivoire, ornée de bronzes dorés, hauteur o᭠ 40.

121. — Pendule régulateur de cabinet, à carillon, en bois des îles, moderne, haut. o᭠ 55.

122. — Pendule, façade toute en bronze finement ciselé et doré, la base décorée de couronnes de laurier, rainceaux avec palmes sur laquelle repose le tambour du cadran lequel est surmonté d'un bouquet avec guirlandes, époque du Consulat, hauteur o᭠ 46 × o᭠ 40.

123. — *Le char de l'amour*, Pendule toute en bronze, très bien ciselée et dorée au feu, époque du Premier Empire, hauteur o᭠ 70 × o᭠ 50.

124. — Pendule, façade époque du Consulat, ornements de bronze, fine ciselure et dorure, appliques sur marbre noir, hauteur o᭠ 65 × o᭠ 44.

125. — Pendule, dite « Religieuse », époque de la fin de Louis XIV, dite « Boule », incrustation de cuivre sur écaille avec bronzes dorés agréablement *(avariée)*, hauteur o᭠ 65 × o᭠ 35.

OBJETS DE VITRINE & FANTAISIE

126. — Cadre double à photographies en bronze doré, et Coupe-Papier ivoire.

127. — Cachet bronze doré, représentant une Druidesse, et un petit Coupe-Papier.

128. — Cube en onyx, petite Boîte ronde en écaille blonde, Pigeon en bronze peint, et une petite Guitare en écaille (4 pièces).

129. — Trois Amulettes, un Bracelet en métal et un petit Cadre à portrait en argent repoussé, moderne.

130. — Coupe-Papier écaille, un petit Affiloir et deux petits Cendriers.

131. — Une Boîte porcelaine bonbonnière, CAPPO DI MONTÉ (moderne), Etui chinois
et un petit Flacon à odeur, porcelaine et métal.

132. — Six Bracelets algériens à grelots en métal blanc.

133. — Grande Boîte bonbonnière, genre Seaux.

134. — Un petit Nécessaire en métal doré, avec son plateau (7 pièces).

135. — Deux Bracelets argent et un Cachet manche ivoire sculpté.

136. — Un petit Cendrier argent et son plateau en forme de cœur.

137. — Petite Bonbonnière en émail peint, xixᵉ siècle.

138. — Flacon à odeur en porcelaine peinte, garniture bronze doré.

139. — Un grand Couteau coupe-papier en ivoire, d'une seule pièce.

140. — Étui, argent doré, style Louis XVI.

141. — Boîte ovale bonbonnière, argent doré ciselé, style Louis XVI.

142. — Petit Plateau ovale en métal argenté avec broderie, sous verre.

143. — Petite Bonbonnière cristal, sertissures en argent émaillé *(avariée)*.

144. — Cadre ovale, garni bronze doré, style Premier Empire.

145. — Boîte argent repoussé, en forme de cœur.

146. — Enveloppe en argent repoussé pour boîte d'allumettes.

147. — Miniature moderne, médaillon Strass, style Louis XVI.

148. — Miniature moderne *portrait de jeune femme,* dans un cadre de la fin du
xviiiᵉ siècle, en bas or.

149. — Bénitier espagnol, argent.

150. — Sous-main, bois noir, appliques argent repoussé aux angles, et une petite
sonnette en bronze *la Reine Marie-Amélie.*

151. — Sous-main, enrichi d'ornements, style Louis XV, en argent repoussé, garnis-
sant tout le dessus.

152. — Nécessaire de fumeur, composé de quatre cendriers en cristal de couleurs
différentes, monture métal doré de la maison KELLER, de Paris.

153. — Miniature sur porcelaine en grisaille, signée PAULINE D., cadre doré, Premier
Empire.

154. — Deux Peintures en miniature, sur cuir bouilli (de SPA), époque Premier
Empire, dans leur cadre doré du temps.

155. — Grande miniature sur parchemin, représentant *la Vierge, l'Enfant Jésus et
St-Jean-Baptiste,* copie du xviiiᵉ siècle d'après RAPHAËL, dans un cadre ébène
et écaille, hauteur 0ᵐ 37   0ᵐ 31.

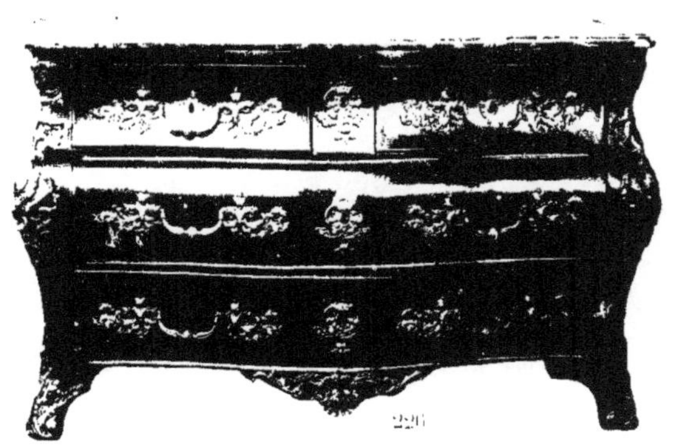
226

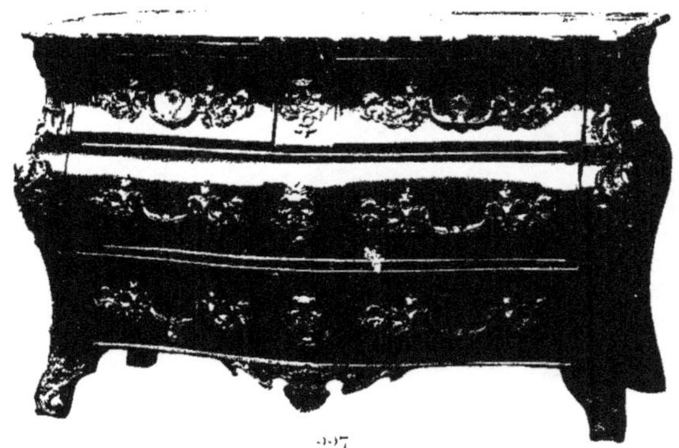
227

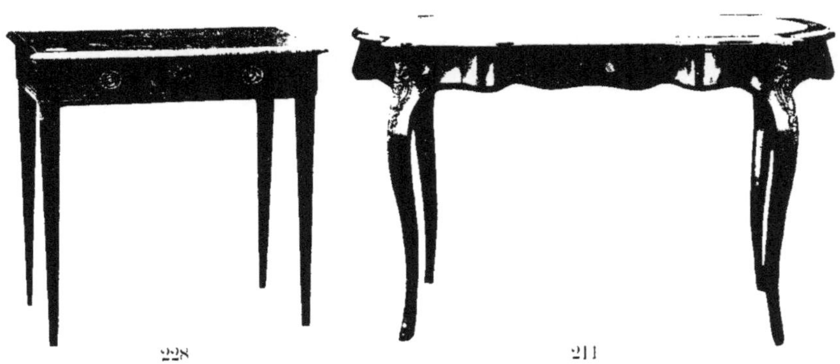
228
211

GRAVURES ANCIENNES EN NOIR

156. — Un lot de pièces courantes en noir et en couleurs (imitations) encadrées et en feuilles *(à diviser)*.

157. — *L'oiseau mort*, Greuze gravé par J. FLIPART, petites marges. *Portrait d'un Président à mortier*, d'après RIGAULT, émargée (2 pièces).

158. — *Lecture Espagnole* et *Conversation Espagnole*, d'après VAN LOO, sans marge, avec le titre.

159. — *La déclaration* et le *Serment*, par FRAGONNARD BERVICK.

160. — *Le départ du courrier* et *l'arrivée du courrier*, F. BOUCHÉZ, par BEAUVARLET.

161. — *L'Escamoteur*, la *Lanterne magique* et *Bal de Société*, dessiné et gravé par BOZIOT, trois pièces.

162. — *Le Chasseur égaré*, grande pièce CARLE VERNET. de DEBUCOURT *(égratignures)*.

163. — *C'est pour lui que je les rassemble*, Mlle GÉRARD. par VIDAL. belle épreuve.

164. — *Amours tirant sur un oiseau que tient une jeune femme*, pièce anglaise en médaillon. émargée.

GRAVURES ANCIENNES EN COULEURS

165. — *The Power of Love*, sanguine, CYPRIANI et BARTOLOZZI.

166. — *Lolotte et Werther*. sanguines en médaillon " design'd by Kingsburg ", cadre bois de l'époque (2 pièces).

167. — *Prudence and Beauty*. sanguine en ovale, CYPRIANI et BARTOLOZZI. grandes marges, taches de rousseur.

168. — *Cupidon dirigeant un jeune groupe*, pièce ronde. dans un cadre de l'époque Angelica Koffman, Gehburck.

169. — *The Molten Calf* (le *Veau d'Or*). grande pièce CLAUDE LORRAIN. par JAZET. o^m 80 × o^m 50. grandes marges, cadre de l'époque.

170. — *Iphigénie en Tauride*, Boizot Gabriel.. *Cornelie mère des gracques*, Granier, gravé par Mariage (2 pièces).

171. — *Oh ! Ché boecone*, par Sicard et Renard, grandes marges.

172. — *La jeune Bramisse au tombeau de sa mère, Les présents de l'indigence*, par Chaillou, gravé par Mariage, marges (2 pièces), *déchirure dans le bas de l'inscription de la première*.

173. — *Lovelace in Prison*, Lerigaud, gravé par R..., très belle épreuve, grandes marges.

174. — *The Morning* et *Noon*, Hamilton et Tomkino, grandes marges.

175. — *François Henri de Montmorency; Henri de Lorraine; Anne Haliron de Cotentin; Nicolas Catinat; Clovis Ier, roi des Francs; Louis VIII, surnommé le Lion; Charles VII, roi de France; Mathieu II, du nom dit le Grand; Anne de Dreux, duchesse de Bretagne, reine de France; Sergent*, gravé par Ridi; *Roger, Mme de Cernel; Henri II, roi de France; Louis XVI, roi de France; Maximilien de Béthune; Louis Hector, duc de Villars; Jeanne de Navarre* (14 pièces) à diviser).

176. — *Les désirs de l'amour, Les plaisirs de l'hymen*, Schall, Augustin le Grand, deux belles pièces, bel état, grande marge, cadres du temps.

177. — *Travellers* et *Cottages*, G. Morland, gravé par Ward, deux superbes épreuves en bel état, avec le titre, émargées de haut et de droite et gauche.

178. — *La foire de Village, Le Tambourin*, deux charmantes pièces, Taunay, Descourtis, émargées.

DESSINS ET AQUARELLES

179. — *Canton d'Unterwalden* et *Canton d'Uri*, deux groupes de personnages, crayon aquarellé.

180. — *Hésitation*, aquarelle non signée, milieu du xixe siècle.

181. — *Bretteur Louis XIII dans un intérieur oriental*, signé A. Lesrel (1872), hauteur 0{m}35 × 0{m}26.

182. — *Groupe d'enfants et jeunes femmes*, dessin à la pierre noire (attribué à Reynolds), 0{m}33 × 0{m}27.

183. — *La passion du jeu*, grande aquarelle signée J.-Marie MOREAU (1778), hauteur 0^m30 × 0^m43.

184. — *Portrait d'homme*, fin du XVIIIe siècle, aux trois crayons *(pièce intéressante, en parfait état)*, non signée, hauteur 0^m43 × 0^m32.

185. — *Les danseuses de Pompéi*, six pièces dans un cadre, peintes sur carton.

186. — *Jeune fille cousant*, grande aquarelle, signée RANZONI, hauteur 0^m50 × 0^m35.

187. — *Madeleine repentante*, aquarelle anonyme, sur carton, hauteur 0^m26 × 0^m37.

188. — *Paysage*, aquarelle non signée, hauteur 0^m17 × 0^m27.

PEINTURES

JEAN TEN-KAT :
189. — *Les bulles de savon*, peinture sur bois, hauteur 0^m15 × 0^m20.

V. LOUTREL :
190. — *Jeune fille cousant*, peinture sur bois, hauteur 0^m25 × 0^m19.

LOUIS MEYER :
191. — *Marine*, peinture sur bois, hauteur 0^m22 × 0^m28, cadre 1830. *Marine*, idem.

A. POLLENTINI :
192. — *Vue du palais des Doges*, toile, hauteur 0^m50 × 0^m55.

ANONYME :
193. — *Rhododendrons en montagne*, hauteur 0^m25 × 0^m31.

ANONYME :
194. — *Confidence*, jeunes femmes assises sur un banc, panneau, haut. 0^m50 × 0^m35.

G. J. THENAT :
195. — *Le grand-père*, panneau, hauteur 0^m32 × 0^m40.

F. H. KAEMMERER :
196. — *Buste de jeune fille en chapeau*, hauteur 0^m36 × 0^m28.

ERNESTO FONTANA :
197. — *Le chasseur galant*, toile, hauteur 0^m59 × 0^m44.

FONTANA :
198. — *Poste improvisée*, deux jeunes filles tirant une lettre d'une cachette, toile, hauteur 1^m × 0^m76.

199. — *Grand portrait de gentilhomme*, grandeur naturelle, mi-jambes, fin du xvi" siècle, école espagnole, cadre du temps.

200. — *Jeune femme à la mandoline*, toile du xviii" siècle, hauteur o"'96 × o"'75, cadre bois doré de l'époque.

201. — *Voyageurs en montagne*, toile, hauteur 1"'05 × 1"'85 du xviii" siècle, sans signature.

202. — *Portrait en cuirasse du roi Louis XV*, toile très décorative du xviii" siècle, hauteur 1"'50 × 1"'30.

⚜

TRUMEAUX

203. — *L'oiseau apprivoisé*, époque de Louis XVI, cadre bois sculpté, relaqué et doré, hauteur 1"'75 × o"'90.

204. — *Jeunes enfants*, peinture en camaïeu rose, cadre bois sculpté, époque Louis XV, laqué et doré moderne, pièce importante, hauteur 2"' × 1"'15.

205. — *Paysage avec figures*, genre Joseph Vernet, cadre bois sculpté, époque de Louis XV, hauteur 2"'20 × 1"'30, pièce importante très décorative.

⚜

PETITS MEUBLES FINS
DU COMMENCEMENT DU XIXe SIÈCLE

206. — Table à écrire, à abattants palissandre, filets citronnier, à tiroir, longueur o"'65 × o"'55.

207. — Table carrée en acajou, volets sur le dessus surélevant une cuvette à fond de glace, o"'60 carrés.

208. — Table à jeu, noire, filets de cuivre, style Louis XVI, à volets à angles, o"'65 carrés.

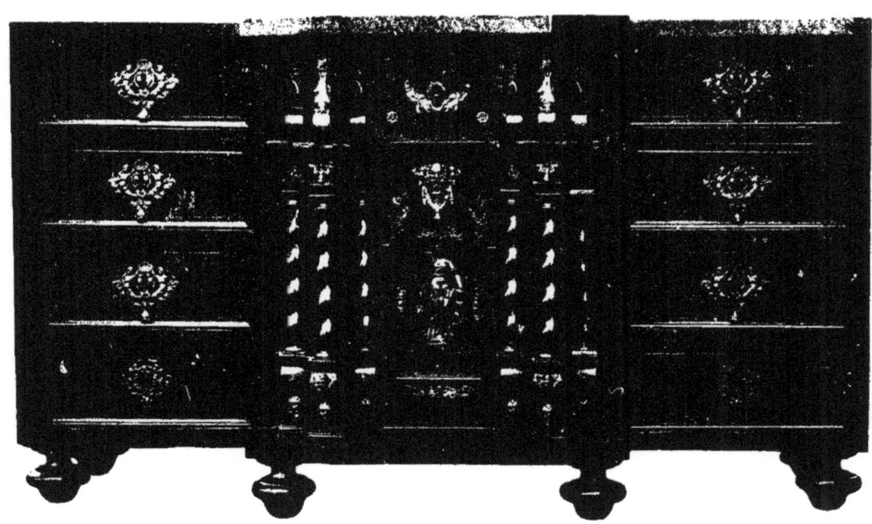

233

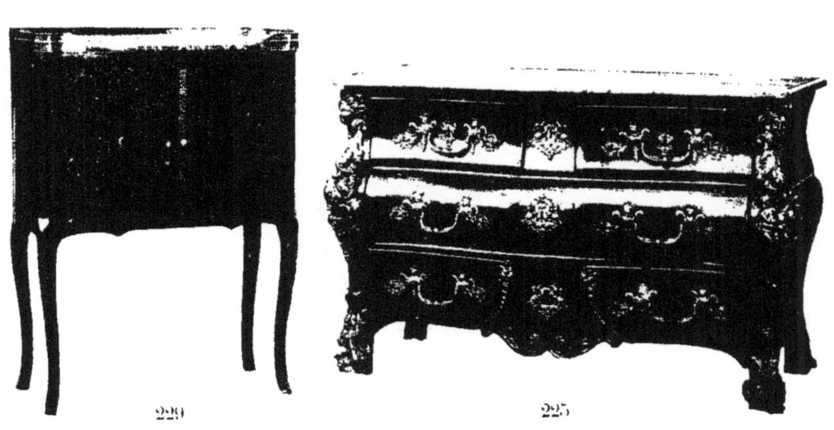

229

225

209. — Petite table volante à volets sur le dessus, tiroir acajou, incrustations bois de couleur, longueur $0^m 50 \times 0^m 37$, style Consulat.

210. — Liseuse, dessus à pupitre, planchette damier à battants sous le pupitre, placage bois des îles et bois de rose, pied à quatre volutes, longueur $0^m 55 \times 0^m 40$.

211. — Table bureau, style Louis XV, placage de bois de rose, de violette et bronze, dessus en cuir, longueur $1^m 20 \times 0^m 65$.

212. — Une autre semblable.

213. — Petite Armoire à deux portes, à rayons et casiers en acajou, incrustations en bois de couleur, hauteur $1^m 20$, largeur $0^m 55$, profondeur $0^m 33$.

214. — Psyché à volets en bois de couleur, encadrement filets, style Louis XVI, glace à bascule au centre, hauteur $1^m 70 \times 1^m 25$.

215. — Console demi-lune, acajou et cuivre, pieds canelés.

216. — Petit Meuble volant, à étagères dissimulées, planchette à galerie dans le bas, plateau mobile à glace encastrée.

217. — Grand Écran, devant de feu en acajou, avec feuilles à coulisses mobiles horizontalement, garnies de vitraux, hauteur $1^m \times 0^m 60$.

218. — Petite Armoire, style Louis XVI, en acajou, deux portes, la corniche dentelée, hauteur $1^m 25 \times 0^m 75 \times 0^m 40$.

MEUBLES ANCIENS

219. — Commode à deux tiroirs, marqueterie bois de rose, avec ses bronzes et son marbre, longueur $0^m 95 \times 0^m 80 \times 0^m 60$.

220. — Commode à deux tiroirs, époque Louis XV, plaqués de bois de rose et palissandre, marqueterie à cubes sur les tiroirs, encadrement à filets grecs verts, longueur $0^m 95 \times 0^m 80 \times 0^m 60$.

221. — Commode en chêne sculpté, à quatre tiroirs avec ses cuivres et son marbre, longueur $1^m 25 \times 0^m 80 \times 0^m 65$.

222. — Commode à quatre tiroirs, époque Louis XV, en châtaignier sculpté, garniture bronze, dessus bois, longueur $1^m 35 \times 0^m 85 \times 0^m 60$.

223. — Commode à deux tiroirs, noyer sculpté, époque Louis XV, marbre bronze époque Louis XVI, longueur $1^m 25 \times 0^m 85 \times 0^m 65$.

224. — Commode à 4 tiroirs, en marqueterie, bois de violette, bronze doré avec son marbre de l'époque, longueur 1 ᵐ 45 × 0 ᵐ 80 × 0 ᵐ 65.

225. — Grande Commode, époque de la Régence, à quatre tiroirs, marqueterie bois de violette, avec bronze et son marbre, long. 1 ᵐ 25 × 0 ᵐ 80 × 0 ᵐ 65.

226. — Grande Commode, époque de la Régence, à 4 tiroirs, placage de bois des îles, avec tous ses bronzes et son marbre, longueur 1 ᵐ 25 × 0 ᵐ 80 × 0 ᵐ 65.

227. — Grande Commode Louis XV, à 4 tiroirs plaqués de bois de rose et de violette, encadrement filets, garnie de bronzes Louis XVI, dessus marbre, longueur 1 ᵐ 25 × 0 ᵐ 80 × 0 ᵐ 60.

228. — Petite Table d'appui à écrire, époque Louis XVI, tiroir, bronzes, marqueterie bois de rose, encadrement filets, pieds canelés, longueur 0 ᵐ 70 × 0 ᵐ 45.

229. — Petite Bibliothèque intéressante, volets à lamelles, de forme ovale à resauts, plaqués bois de rose, époque Louis XV, avec son marbre et sa galerie de cuivre, longueur 0 ᵐ 85, hauteur 1 ᵐ, profondeur 0 ᵐ 42.

230. — Petit Coffret italien en palissandre, incrustation d'ivoire sur les côtés ainsi que sur les tiroirs, pièce intéressante, largeur 0 ᵐ 35, hauteur 0 ᵐ 25 *(parfait état)*.

231. — Meuble cabinet italien portatif du XVIIᵉ siècle, ébène avec incrustations ivoire gravée, longueur 0 ᵐ 95, hauteur 0 ᵐ 60, profondeur 0 ᵐ 35.

232. — Meuble cabinet en palissandre, plaqué d'ébène et écaille rouge, incrustations, filets cuivre, six tiroirs et un tabernacle, longueur 0 ᵐ 80, hauteur 0 ᵐ 45, profondeur 0 ᵐ 35.

233. — Autre Meuble cabinet plus grand, appliques écaille et palissandre, avec tous ses bronzes, porte au milieu à six colonnes, huit tiroirs à l'intérieur plaqués bois des îles avec anneaux à mascarons, longueur 1 ᵐ 20, hauteur 0 ᵐ 70, profondeur 0 ᵐ 45.

234. — Table à jeu en marqueterie, bois de couleur sur fond noir, encadrement ébène et ivoire, colonnes torsées, croisillons XVIIᵉ siècle, longueur 0 ᵐ 85, largeur 0 ᵐ 43.

235. — Grande Table italienne XVIIᵉ siècle, plaquée d'écaille, ivoire, montée sur des pieds bois, sculpté moderne.

236. — Console rectangulaire de l'époque du Premier Empire, acajou garni de bronze doré-ciselé fin, les pieds en gaine à tête de femme, dessus marbre, longueur 1 ᵐ 15, profondeur 0 ᵐ 45, hauteur 0 ᵐ 85.

237. — Commode du Premier Empire, à colonnes, quatre tiroirs acajou clair, garnis de bronzes dessus bois, longueur 1 ᵐ 20, profondeur 0 ᵐ 60, hauteur 0 ᵐ 80.

238. — Grand Meuble anglais en acajou, le corps du bas à trois tiroirs et le corps du dessus à cinq tiroirs, fin du xviii° siècle, hauteur 1^m90, largeur 1^m15, profondeur 0^m55.

239. — Crédence flamande du xvii° siècle, en chêne sculpté, hauteur 1^m50, largeur 1^m20, profondeur 0^m55 *(restaurations)*.

240. — Petit coffre encastré dans un plateau à colonnettes, en chêne sculpté, 0^m60 × 0^m40 socle non compris.

241. — Coffre sur pieds élevés, panneaux sculptés anciens.

242. — Table colonnes torsées époque Louis XIII *(restaurée)*, 1^m20 × 0^m75.

243. — Table colonnes torsées époque Louis XIII *(restaurée)*, sculptée moderne, 0^m95 × 0^m65.

244. — Petite Table Louis XIII *(restaurée)*, sculptée moderne, 0^m65 × 0^m43.

245. — Petite Table Louis XVI en noyer, sculpture moderne, 0^m80 × 0^m50.

246. — Grand Coffre de vestibule en noyer sculpté ; les trois panneaux anciens représentent des corps de femme à enroulement et des animaux ; ils sont du xvi° siècle ; les autres parties sont refaites, 1^m70 × 0^m65.

MEUBLES MODERNES

(IMITATION ANCIEN)

247. — Chiffonnier style Louis XVI, plaqué de bois de palissandre, citronnier et violette, tablette dans le bas, marbre blanc, garniture bronze, hauteur 1^m, largeur 0^m60, profondeur 0^m40.

248. — Petite Commode style Louis XVI, marqueterie bois de couleur, deux tiroirs, haute sur pieds, garnis de bronzes, marbre de couleur épais, à ressauts, largeur 0^m80, profondeur 0^m40, hauteur 0^m75.

249. — Petit Bureau plat, style Louis XVI, plaqué de bois de rose et palissandre, encadrement à filets, quatre tiroirs, longueur 1^m05, largeur 0^m60.

250. — Petite Table de nuit avec tiroir, style Louis XVI, haute sur pieds, marbre blanc et galerie.

251. — Petit Bureau plat, style Louis XV, trois tiroirs de côté, un de milieu, marqueterie à fleurs, garnis bronzes, table avec ceinture et agrafes en bronze, longueur 0^m95, largeur 0^m60.

252. — Grande Toilette poudreuse, style Louis XVI, bois de rose et de palissandre, longueur 0^m94, largeur 1^m25.

253. — Petite Desserte, style Louis XVI, en acajou, tablette dans le bas, galerie dessus cuir vert, longueur 0^m85, largeur 0^m54.

254. — Meuble-Bureau plat, plaqué bois de rose et citronnier, trois tiroirs de côté, un de milieu, dessus cuir avec petits fers dorés, marqueterie bois de couleur, meuble très artistique du commencement du XIXe siècle, 1^m10 ... 0^m60.

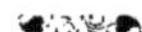

SIÈGES ANCIENS

255. — Chaise espagnole, garnie de cuir incisé et clouté, Espagne XVIIe siècle.

256. — Paire de Fauteuils acajou sculpté, garnis de reps, époque du Premier Empire.

257. — **Quatre Fauteuils** à médaillons de l'époque Louis XVI, noyer sculpté, repeint blanc, couverture moderne, modèle à siège rond.

258. — **Quatre Fauteuils** à médaillons, époque Louis XVI, moulures, pieds canelés, garnis de tapisserie au petit point, fleurs en polychrome sur fond gris, contre-fond bleu marine, repeints en blanc.

259. — **Paire de Fauteuils** époque Louis XV, bois sculpté à fleurettes dans leur dorure du temps, garnis de tapisserie tout soie, représentant des oiseaux et des paysages, usagés *(aucune restauration)*.

260. — **Paire de Fauteuils** du commencement de l'époque Louis XV, bois sculpté à fleurettes dans leur dorure du temps, garnis de tapisserie fine en Aubusson, fleurs en vase à polychrome sur fond blanc, contre-fond jaune d'or *(bon état)*, remontés à ressorts.

Quatre beaux et grands Fauteuils à dossier recouvert en tapisserie au point de l'époque Louis XIV, les sujets au petit point :

261. — Le premier représente la Balançoire et le Jeu de quilles, avec oiseaux et fleurs sur le siège.

262. — Le deuxième représente la Partie de cartes, avec oiseaux et fleurs sur le siège.

263. — Le troisième représente le Conseil, genre Teniers, avec oiseaux et fleurs sur le siège.

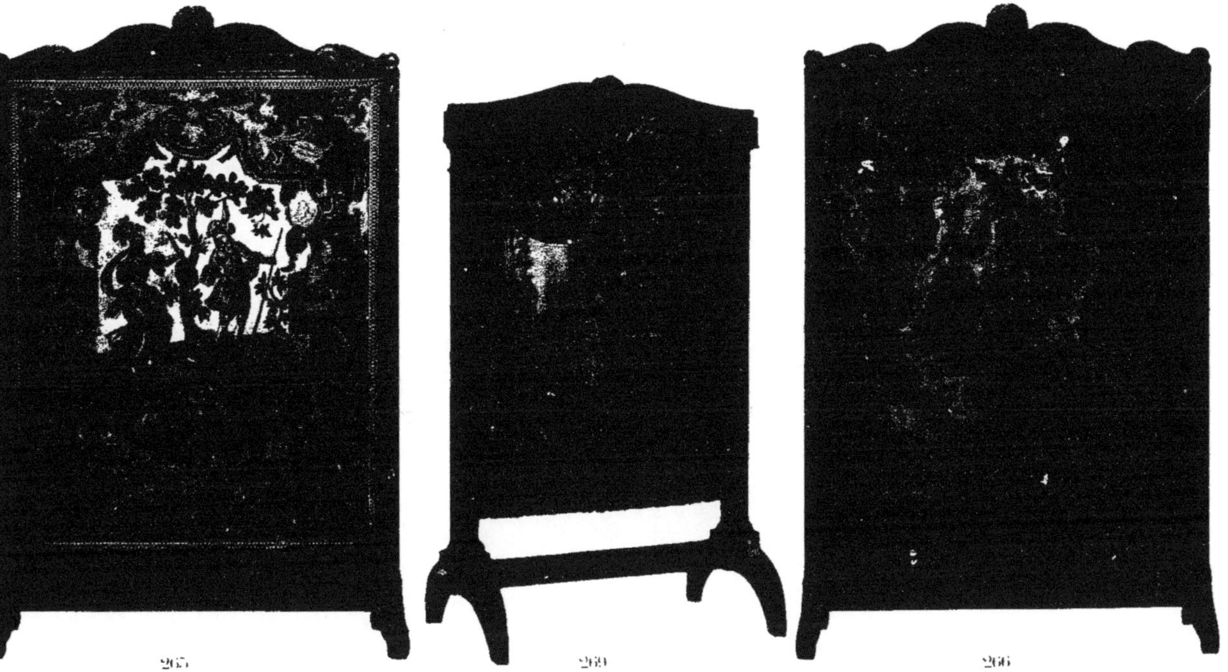

265
260
266
Pl. V.

264. — Le quatrième représente l'enlèvement de l'Europe, avec oiseaux et arbustes sur le siège *(restaurations)*, les bois dans leur patine ancienne.

265. — **Deux grands Écrans**, devant de feu époque Louis XIV en tapisserie au point, les sujets au petit point entourés d'arabesques et de fleurs en polychrome sur fond jaune d'or ; dimensions des tapisseries : o^{m}90 $\times$ o^{m}65.

266. — Les sujets représentent la danse : le premier, Jeune Femme tenant une mandoline à la main, et le deuxième. Jeune Femme tenant un tambour de basque, les bois sont modernes *(restaurations)*.

267. — Paire de Fauteuils en acajou sculpté. époque de la Restauration.

268. — **Six Fauteuils en tapisserie d'Aubusson**, époque Louis XVI. point fin, trois quart soie, représentant : le premier, Jeune Fille faisant une couronne de fleurs ; le siège, le Chien lâchant la proie pour l'ombre ; le deuxième, Jeune Fille dansant avec une corbeille de fleurs ; le siège, la Grenouille voulant se faire aussi grosse que le bœuf ; le troisième, la Petite Jardinière ; le siège, le Renard et la Cigogne ; le quatrième, le Petit Moissonneur se désaltérant ; sur le siège, le Lion et le Moucheron ; le cinquième. Apprivoiseur d'oiseaux ; sur le siège, l'Aigle et le Mouton ; le sixième, l'Oiseau envolé. et le Loup et l'Agneau, bon dessin. coloris des plus agréables, belle conservation, sujets sur fond gris clair contre-fond vert d'eau (bois carré sculpté moderne).

269. — **Petit Écran** en tapisserie d'Aubusson, point fin : Fille arrangeant des fleurs dans un vase, fond gris perle. contre-fond vert d'eau *(restauration)*. bois acajou de l'époque du Premier Empire. bronze doré fin.

GLACES ET CONSOLES BOIS DORÉ

270. — Une Console et sa glace bois sculpté doré, style Louis XV. dessus en onyx ; largeur de la Console 1^m. profondeur o^{m}45 ; largeur de la glace 1^m, hauteur 2^m *(moderne)*.

271. — Une autre Console et une autre glace bois sculpté doré. style Louis XV, dessus en onyx ; largeur de la Console 1^m, profondeur o^{m}45 ; largeur de la glace 1^m, hauteur 2^m *(moderne)*.

272. — Glace époque Louis XV. sculpture ajourée, dorure restaurée. sur fond gris, hauteur 1^{m}05 $\times$ o^{m}70.

273. — Glace bois sculpté, époque Louis XVI, redorée, dimensions 1^m15 × 0^m65.

274. — Glace époque Louis XV, bois sculpté et ajouré sur fond de glace dans sa vieille dorure, hauteur 1^m30 × 0^m85.

275. — Glace bois sculpté ajourée, époque Louis XV, dans sa vieille dorure, 1^m25 × 0^m55.

276. — Glace espagnole, époque Louis XV, bois sculpté, avec sa dorure du temps, hauteur 1^m80 × 1^m15.

277. — Glace, époque Louis XVI, bois sculpté *(dorure très avariée)*, hauteur 1^m75 × 1^m05.

SOIERIES ANCIENNES

278. — Chasuble époque Louis XV, et un lot de fragments divers.

279. — Deux Echarpes Chine et un petit dessus de table.

280. — Deux dessus de table avec filet, fleurs brodées.

281. — Deux autres dessus de table avec filet, fleurs brodées.

282. — Un autre Filet ancien, monté sur peluche bleue *(moderne)*.

283. — Devant, filet ancien, monté sur peluche bleue *(moderne)*, longueur 1^m65, hauteur 0^m65.

284. — Petit Tapis de Table, bandes brodées anciennes sur drap blanc, montées sur peluche bleue *(usagé)*.

285. — Deux grands Rideaux soie, damassés rouge, époque Louis XV, dimensions 2^m60 × 2^m20 *(belle conservation)*.

286. — Un grand Jeté de lit en filet, époque Louis XIV *(en parfait état)*, dimensions 2^m15 × 1^m70, fin de point et de décor.

287. — Rideau soie de Chine, brodé de fleurs de couleur sur fond vieux rose, 2^m10 × 1^m15.

288. — Un Rideau damassé jaune d'or, époque Louis XV, 2^m05 × 2^m20.

289. — Tenture époque Louis XVI, brodée de guirlandes de fleurs et arbres en soie de couleur sur fond gris mastic *(parfait état)*, 1^m70 × 1^m70.

290. — Superbe et grande Tenture en soie de Chine du xviiie siècle, jetée de bouquets de fleurs brodés polychrome sur fond gris mastic. 2^m50 × 2^m10.

TAPIS D'ORIENT ANCIENS

IMPORTANTE SÉRIE

de 28 Tapis d'Orient des XVIIe et XVIIIe siècles, d'un choix
très heureux tant par l'élégance du dessin, par l'harmonie et
par la richesse des coloris que par leur haute qualité.

291. — Tapis de mosquée, encadrement décor persan bleu et rouge dominant au centre, branches régulières sur fond bleu. longueur 1^m50 ⨯ 0^m90.

292. — Tapis de mosquée, bordé de trois galons de differents coloris. sur fond rouge et noir, palmettes de couleur sur fond noir, longueur 1^m40 ⨯ 1^m.

293. — Tapis de mosquée, encadrement à trois galons avec étoiles et carrés, au centre un losange gros bleu sur fond rouge étoilé, longueur 1^m ⨯ 0^m65.

294. — Tapis de mosquée, encadrement galon à liserés polychrome sur cinq fonds différents, au centre rangées d'étoiles en diagonale sur fonds bleu de trois tons différents, longueur 1^m55 ⨯ 0^m75.

295. — Tapis de mosquée, encadrement galon. à marguerites et carrés différents sur fond rouge. au centre semés de palmes et marguerites de plusieurs couleurs sur fond gris bleuté. longueur 1^m15 ⨯ 0^m75.

296. — Tapis de mosquée, petit galon simple en bordure, au centre fleurs jaune et rouge avec losanges sur fond rouge cramoisi, longueur 1^m15 ⨯ 0^m80.

297. — Tapis d'appartement, galon à losanges brisés de quatre couleurs différentes sur fond clair bordé de rouge, au centre semis de petits vases et pastilles blanches sur fond gris bleu, longueur 1^m40 ⨯ 0^m80.

298. — Tapis d'appartement, bordure à six galons différents, rouge dominant, au centre feuillages variés de formes et de coloris sur fond gris, longueur 1^m60 ⨯ 0^m90.

299. — Tapis d'appartement, encadrement d'un galon de fleurettes sur deux fonds de gris et blanc, au centre fleurs rouges alignées verticalement en jaune dominant sur fond gris bleu. 1^m55 ⨯ 1^m.

300. — Tapis d'appartement, bordure à trois galons différents, décorés de figures géométriques simulant les fleurettes, à quatre coloris sur trois fonds, au centre autre semis de différents dessins montant obliquement sur fond bleu cendre, longueur 1^m40 × 1^m05.

301. — Tapis d'appartement à trois galons divers en bordure, au centre semis décor persan de figures variées et fleurettes en plusieurs tons de rouge et jaune sur fond bleu turquoise clair, *tissage en lisse*, longueur 2^m30 × 1^m15.

302. — Tapis d'appartement à trois galons d'encadrement avec dessins sur fond gris et jaune, au centre losange en divers tons de rouge rosé sur fond blanc, le tout s'enlevant en fleurettes polychromes sur fond noir très courant, *tissage en lisse*, 1^m90 × 1^m25.

303. — Tapis d'appartement, bordure à plusieurs galons multicolores sur différents fonds, au centre semis de figures géométriques et fleurettes sur fond noir, encadrement de lambrequin décoré d'arabesques sur fond rouge, longueur 1^m80 × 1^m35.

304. — Tapis d'appartement, bordure trois galons, dessin sur fond blanc, jaune et brun, au centre deux losanges bleus sur fond rouge violacé, semis de fleurettes, longueur 1^m30 × 1^m05.

305. — Tapis d'appartement à galons de losanges et figures géométriques, au centre trois rangées d'ovales, le tout sur fond rouge, longueur 1^m30 × 1^m.

306. — Tapis d'appartement, bordure décorée en polychrome sur fond vieux rouge, demi rosaces et losanges, au centre sur fond vieux rouge, longueur 1^m40 × 1^m25 *(avarié)*.

307. — Tapis d'appartement long, bordé d'un large galon dessin à étoiles et objet symbolique sur fond bleu et jaune, au centre losange exagonal et fond gris sur cintre fond vieux rouge, longueur 2^m55 × 1^m70.

308. — Tapis d'appartement long, à grand galon décoré d'arabesques bordés de bleu turquoise, au centre riche décor d'un semis de fleurettes sur fond gris bleu, longueur 4^m45 × 2^m.

309. — Tapis d'appartement long, encadrement de cinq galons variés, au centre semis de fleurettes et figures polychrome sur fond gris bleu, pouvant aller avec le précédent, longueur 5^m05 × 2^m.

310. — Tapis d'appartement, encadrement à fond rouge galonné de fond vert, au centre décor persan fin s'enlevant sur fond vert d'eau, long. 3^m30 × 2^m45.

311. — Tapis d'appartement, très grand, large galon d'encadrement et fond rouge, au centre fleurette et dessin polychrome sur fond rouge, longueur 4^m45 × 3^m20.

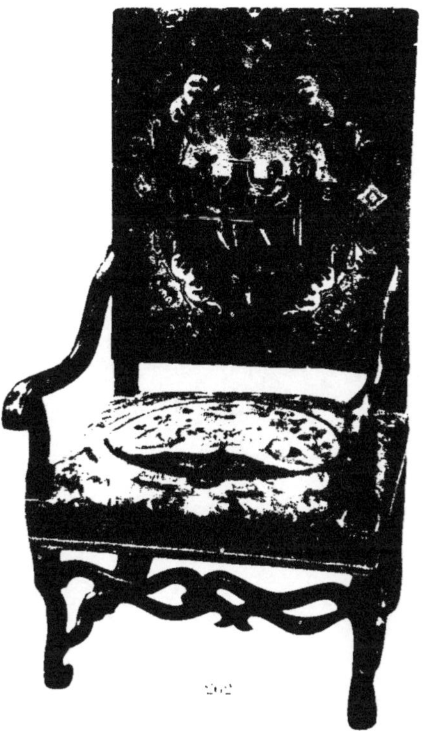

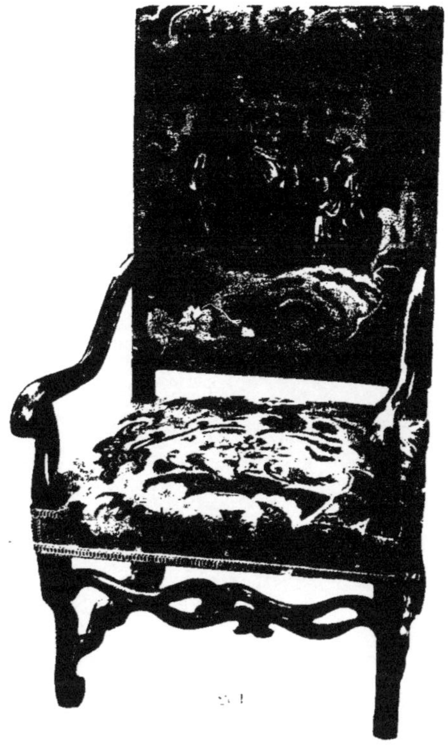

VI.

312. — Tapis d'appartement, riche et brillant, galon décor cachemire sur fond jaune d'or, au centre grandes bandes avec semis de fleurettes sur fond rouge rubis, coupées par trois rangées de losanges fond blanc et bleu turquoise, longueur 3ᵐ20 × 2ᵐ40.

313. — Tapis d'appartement bordé d'un petit galon à fond blanc, au centre semis de ronds et petite losange blanc et noir sur fond vieux rouge à reflets, longueur 3ᵐ25 × 2ᵐ50.

314. — Tapis d'appartement, très grand, bordé d'un grand galon cachemire sur fond vieux rouge, au centre fleurettes et figure géométrique sur fond gris bleu, longueur 4ᵐ30 × 3ᵐ40.

315. — Tapis d'appartement, très grand, large galon arabesques fleurettes à courantes, au centre décor régulier d'une quantité de fleurettes reliées entre elles par des lignes courbes formant léger réseau, d'un goût parfait, le tout en rouge avec rehauts de bleu frangé se détachant sur un fond très clair en bleu cendré d'un effet charmant, longueur 4ᵐ30 × 4ᵐ.

316. — Tapis d'appartement, très grand galon décor de couleur sur fond gris bleu, au centre arabesques en bleu turquoise de tons différents sur fond rouge cerise, longueur 5ᵐ70 × 4ᵐ20.

317. — Tapis d'appartement, plus grand galon, cachemire sur fond vieux rouge, au centre semis de fleurettes sur dessin géométrique en polychrome rouge donnant sur fond gris bleu, longueur 6ᵐ25 × 4ᵐ50.

318. — Tapis d'appartement, galon décoré en bleu sur fond rouge, au centre médaillon même décor et même coloris, le tout sur le même rouge ; différentes parties ayant été coupées et recousues provisoirement, longueur 4ᵐ80 × 3ᵐ90.

TAPIS MODERNES

319. — Grand Tapis, très clair, décor rouge et jaune éteint sur fond bleu clair, longueur 3ᵐ95 × 2ᵐ85.

320. — Grand Tapis clair, galon décor persan, très large, toutes nuances, rose, bleu, rouge sur fond gris, au centre grand médaillon dentelé en rose sur fond bleu ciel, longueur 4ᵐ80 × 3ᵐ40.

ORFÈVRERIE ARGENT
DES XVIIIe ET XIXe SIÈCLES

321. — Huit Cuillères de table, argent premier titre, modèle fleurs et feuillage relief, pesant ensemble 940 grammes.

322. — Quatre Cuillères à œufs, argent premier titre, bouts dorés, pesant ensemble 58 grammes.

323. — Dix Cuillères fantaisie, manche court, argent deuxième titre, pesant ensemble 200 grammes.

324. — Deux Cuillères à sucre, argent premier titre, pesant ensemble 110 grammes, du Premier Empire.

325. — Une petite Cuillère à sucre, manche court, argent deuxième titre, pesant 25 grammes.

326. — Une Truelle à poisson, argent deuxième titre, pesant 130 grammes.

327. — Une Boîte à épices, argent premier titre, pesant 270 grammes, du XVIIIe siècle.

328. — Une Cuillère à soupe, argent premier titre, pesant 180 grammes, du commencement du XIXe siècle.

329. — Une grande Cuillère à moutarde, argent premier titre, pesant 18 grammes.

330. — Douze Couteaux à fruit, manches nacre, lames vermeil, du milieu du XIXe siècle.

331. — Douze Pelles à sel, argent deuxième titre, modèle enfant et dauphin, pesant 155 grammes.

332. — Deux Salières ovales, argent premier titre, pesant 220 grammes.

333. — Un Moutardier, forme marmite, trois pieds, argent premier titre, pesant 130 grammes, du XVIIIe siècle (vieux Paris).

334. — Deux Salières ovales, quatre pieds argent deuxième titre, pesant 65 grammes, style Louis XV.

335. — Une Boule à infusion, Louis XVI, argent deuxième titre, pesant 50 grammes.

336. — Une petite Coupe vide-poche, argent deuxième titre, pesant 60 grammes, style Louis XV.

337. — Un Service à thé et café, composé de une Théière, une Cafetière, un Sucrier, un Crémier, un Bol à eau chaude, le tout en argent premier titre, pesant 3.695 grammes, style composé (XIXe siècle).

338. — Un Service à thé et café, composé de une Cafetière, une Théière, un Sucrier, un Crémier, un Bol à eau chaude, le tout argent premier titre, pesant ensemble 4.485 grammes, style composé (xixᵉ siècle).

339. — Un Service à thé, composé de une Théière, un Sucrier, un Crémier, un Bol à eau chaude, une Bouilloire sur pied avec lampe (cette dernière en métal). le reste argent premier titre, pesant 3.735 grammes, style oriental (xixᵉ siècle).

340. — Une Coupe argent à fruits, sur pieds, bas, argent premier titre, pesant 1.200 grammes, milieu du xixᵉ siècle.

341. — Une Corbeille à pain ovale, repercée, argent premier titre, pesant 405 grammes, ajourée, ciselée, pièce plaisante (xixᵉ siècle).

342. — Une petite Corbeille à sucre, à anses, repercée *(manque le cristal)*, argent premier titre, pesant 205 grammes, genre de la précédente.

343. — Un Bol à sucre rond, trois griffes, argent premier titre, pesant 235 grammes, du xviiiᵉ siècle.

344. — Une Corbeille à fruits, trois compartiments, argent premier titre, pesant 965 grammes, pièce artistique, en repoussé, ciselé, style Louis XV.

345. — Deux Jardinières ovales, argent premier titre, repoussées dans le goût persan (xixᵉ siècle).

346. — Un Service à thé et café, composé de : une cafetière, une théière, un sucrier, un crémier, le tout argent premier titre, pesant 3.745 grammes, style étranger, fondu et repoussé.

347. — Un petit Légumier à oreilles avec couvercle, argent premier titre, pesant 860 grammes (xviiiᵉ siècle).

348. — Une grande Corbeille à fruits, à anses, repercée, argent premier titre, pesant 980 grammes, ajourée, repoussée et ciselée, style Renaissance du xixᵉ siècle (pièce artistique et de goût).

349. — Un Sucrier et un Crémier, argent premier titre, pesant ensemble 980 grammes, style Louis XV.

350. — Quatre Coupes à fruits, argent premier titre, pesant ensemble 1.470 grammes, du milieu du xixᵉ siècle (travail artistique).

351. — Quatre Flambeaux, argent premier titre, pesant ensemble 2.120 grammes, style Louis XV (étranger).

352. — Deux Brûle-Parfum, argent premier titre, pesant ensemble 125 grammes (Vieux Paris).

353. — Une Cafetière, quatre griffes, manche ébène, argent deuxième titre, pesant 360 grammes, style Louis XIV du xixᵉ siècle.

354. — Deux Saucières à anses, quatre griffes, argent premier titre. pesant ensemble 470 grammes, style Louis XV (XIXe siècle), allant avec les deux plateaux plus loin portant le n° 372.

355. — Un Vase à fleurs, argent premier titre, intérieur métal doré, le vase pesant 205 grammes (A. RISLER et CARRÉ, Paris).

356. — Une Théière et six Tasses, argent premier titre, pesant 495 grammes, style composé (XIXe siècle).

357. — Une petite Cafetière, style Louis XV, trois griffes, argent premier titre, modèle chantourné, pesant 350 grammes (Vieux Paris).

358. — Une Cafetière filtre unie, argent premier titre, pesant 368 grammes, commencement du XIXe siècle.

359. — Un petit Cache-Pot, argent deuxième titre, pesant 265 grammes (pièce très rare, Vieux Paris).

360. — Un Cache-Pot ciselé, argent premier titre, pesant 445 grammes (goût persan).

361. — Un petit Service à café composé de : une théière, une cafetière, un sucrier, un crémier, argent deuxième titre, pesant 335 grammes (XIXe siècle).

362. — Une Verseuse Louis XV, côtes torses, trois griffes, argent premier titre, pesant 240 grammes.

363. — Une Bouillotte, anses bois, argent premier titre. pesant 180 grammes.

364. — Un Bol rond, argent deuxième titre, trois griffes, pesant 260 grammes, commencement du XIXe siècle.

365. — Un Bol rond, trois griffes, bords repercés, argent premier titre, pesant 255 grammes, style Régence.

366. — Une Boîte à thé, argent premier titre, pesant 100 grammes, style Louis XVI.

367. — Une petite Jardinière ovale, argent deuxième titre, pesant 295 grammes, Louis XV chantourné.

368. — Un petit Crémier, argent deuxème titre, anses bois, pesant 90 grammes, style Louis XV.

369. — Un Moutardier rond à anses, avec couvercle, argent premier titre, pesant 200 grammes, époque du Premier Empire.

370. — Une petite Marmite, argent deuxième titre, pesant 130 grammes, du XVIIIe siècle (Vieux Paris).

371. — Trois Salières rondes à trois griffes, argent deuxième titre, pesant ensemble 285 grammes. goût persan du XIXe siècle.

372. — Deux Plateaux ovales, argent premier titre, pesant ensemble 430 grammes. style Louis XV, allant avec les deux Saucières portant le n° 354.

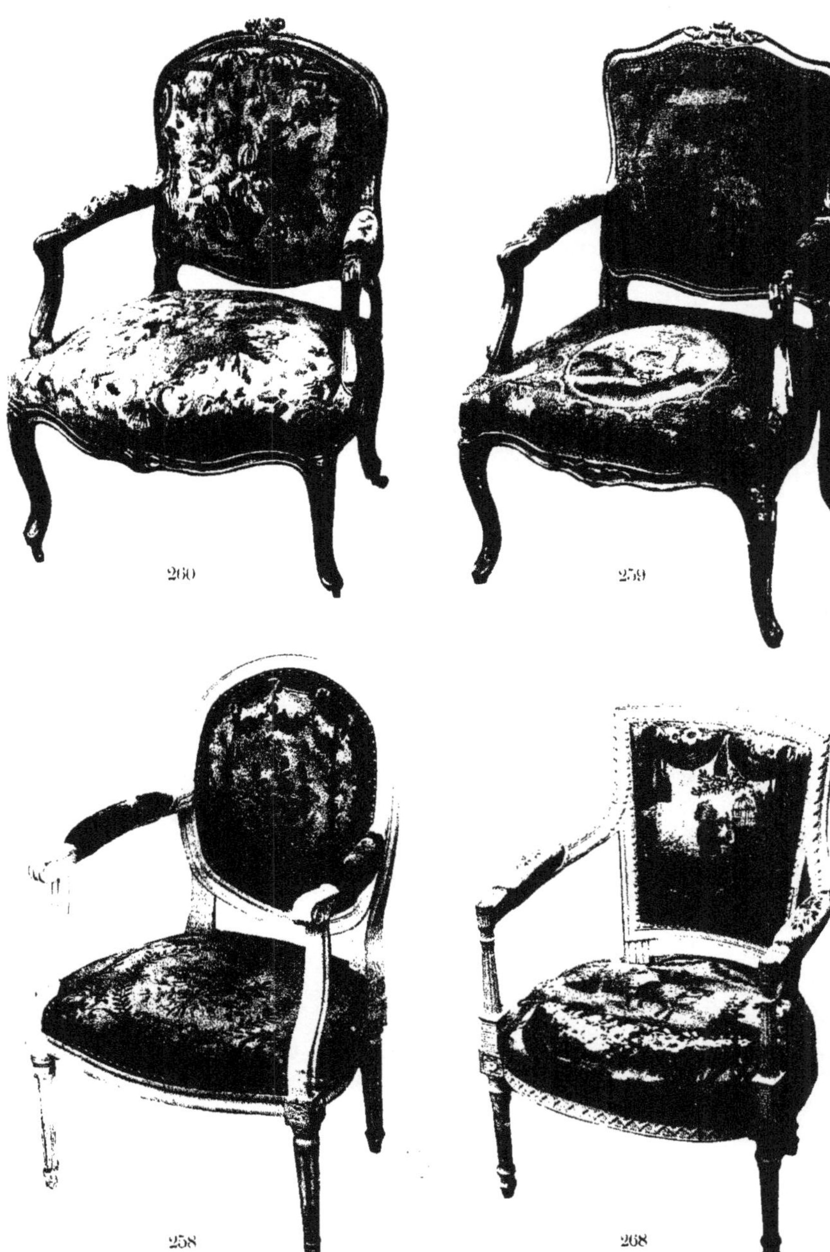

260

259

258

268

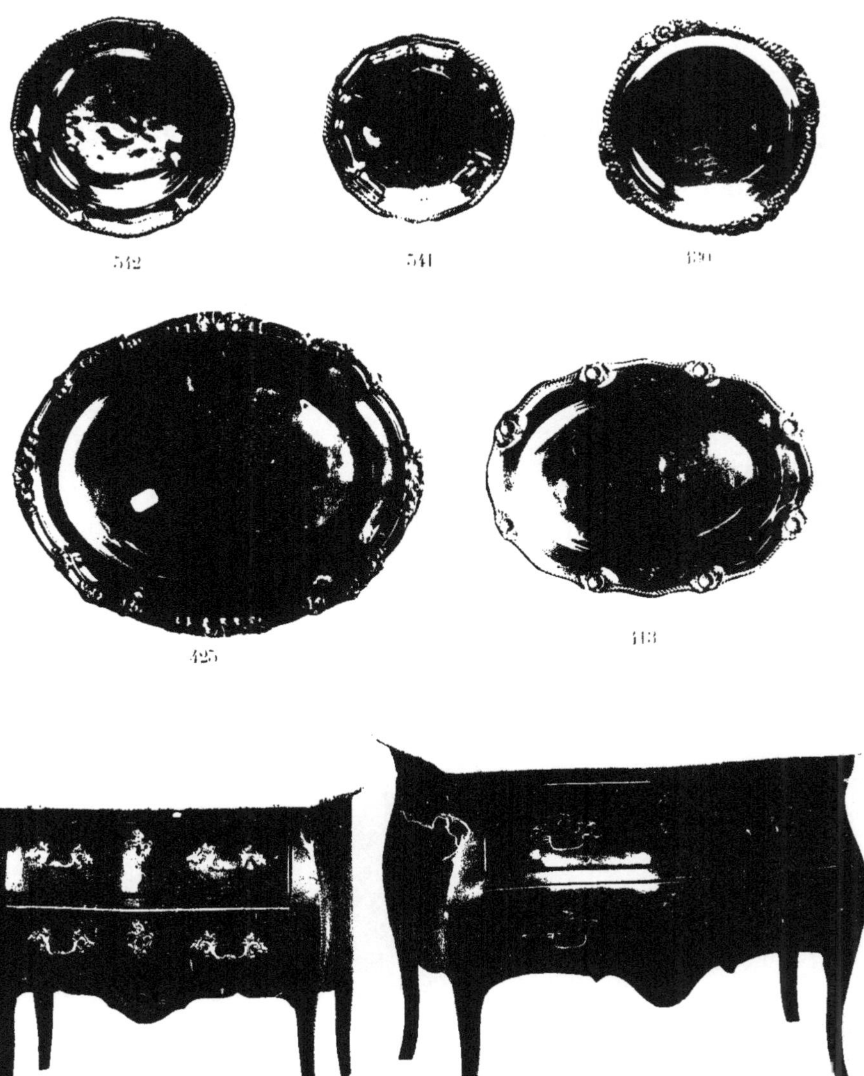

542   541   490

425   413

219   220

373. — Deux Raviers ovales, style Consulat, anses chimères, argent deuxième titre, pesant ensemble 620 grammes (Ball Bladt et C*, New-York).

374. — Un Pot à lait, argent premier titre, pesant 165 grammes, style Louis XV.

375. — Un Pot à lait, argent deuxième titre, pesant 108 grammes, style Louis XV.

376. — Une petite Jardinière ovale, quatre pieds, argent premier titre, pesant 125 grammes, style Louis XV.

377. — Une Coupe à bonbons, exagonale à ressauts, ajourée en vannerie, argent deuxième titre, pesant 265 grammes.

378. — Un Vide-Poche « tête de taureau », argent deuxième titre, pesant 222 grammes (xix* siècle).

379. — Une petite Buire, argent premier titre, intérieur doré, pesant 135 grammes, Premier Empire.

380. — Quatre Plateaux à gâteaux à quatre griffes, pesant ensemble 2.325 grammes, Premier Empire.

381. — Une Cafetière et dix Tasses, manches bois, argent premier titre, pesant 880 grammes, Louis XV (étranger).

382. — Un Baguier rond à oreilles, argent deuxième titre, pesant 200 grammes, style Renaissance.

383. — Une Bonbonnière forme violon, argent deuxième titre, pesant 275 grammes, style Louis XV.

384. — Un petit Plateau carré, argent deuxième titre, pesant 205 grammes, style Louis XIV.

385. — Deux Plateaux de carafe, ajourés, argent premier titre.

386. — Un Encrier uni, style Régence, bordure ajourée, argent premier titre, godet en cristal, pesant 470 grammes (xix* siècle).

387. — Une Boîte à thé, octogone, argent premier titre, pesant 450 grammes, style du Consulat.

388. — Un Cache-Pot, argent ajouré en vannerie, deuxième titre, pesant 190 grammes.

389. — Une Pelle à gâteaux, argent premier titre, pesant 210 grammes, style Louis XV.

390. — Un Chandelier, argent premier titre, fin du xviii* siècle.

391. — Une carafe à vin, cristal, monture argent premier titre (*moderne*).

392. — Un Encrier, deux Godets cristal sur plateaux, quatre griffes, argent premier titre, pesant 350 grammes (*moderne*).

393. — Un Porte-Crayon argent (*moderne*).

394. — Un Couvercle, argent premier titre, pesant 160 grammes (xiv* siècle).

395. — Un beurrier, argent premier titre (xix° siècle).

396. — Une Carafe à vin, monture argent premier titre *(moderne)*.

397. — Une Boîte à cartes, argent premier titre *(moderne)*.

398. — Quatre Salières à trois griffes, argent premier titre, pesant 148 grammes, du Premier Empire.

399. — Deux Cadres argent premier titre, dos et chevalet métal, pesant ensemble 505 grammes, style Louis XV.

400. — Un Plateau ovale, argent premier titre, pesant 350 grammes, style Louis XIII (étranger).

401. — Trois petits Plateaux, argent premier titre, pesant ensemble 625 grammes, style Louis XIII (étranger).

402. — Deux Plateaux carrés, argent premier titre, pesant ensemble 750 grammes, style Louis XIII (étranger).

403. — Trois Plateaux ovales, argent premier titre, pesant ensemble 1.500 grammes, style Louis XIII (étranger).

404. — Un Plateau ovale, argent deuxième titre, pesant 855 grammes, style Louis XIII (étranger).

405. — Un petit Plateau rond, argent deuxième titre, pesant 105 grammes, style Louis XIII (étranger).

406. — Trente-sept Couteaux de table et deux Couteaux à pain, manches argent, lames acier, style Régence.

407. — Douze Couteaux de table, manches argent, style Régence.

408. — Vingt-deux Couteaux dessert, manches argent, lames acier, style Régence.

409. — Un Cadre de photographie, argent deuxième titre, style Louis XV.

410. — Une Glace, bois, monture argent, premier titre, xiv° siècle.

(Voir la suite de l'orfèvrerie argent n° 455.)

.*.

MÉTAL ARGENTÉ

411. — Quatre Plateaux ovales, métal argenté, style Louis XV.

412. — Deux Plateaux ovales, métal argenté.

413. — Un Plateau ovale, métal plaqué.

414. — Deux légumiers sur leurs réchauds et leurs couvercles, style Louis XV.

415. — Quatre Légumiers rectangulaires dont trois avec couvercles et poignées mobiles, style Louis XV.

416. — Un Légumier feston ovale, sans couvercle.

417. — Un Plateau ovale, métal plaqué, avec anses.

418. — Un Plateau ovale, métal argenté, avec anses.

419. — Un Plateau ovale (avec anses cassées).

420. — Deux Casseroles, métal argenté.

421. — Deux Légumiers ovales avec couvercle.

422. — Trois autres Plats ovales, même modèle, dont un à arde, deux à godrons.

423. — Un grand Plat ovale, bordure feston.

424. — Un grand Plat ovale, bordure perles.

425. — Trois Plats ovales, bordure Louis XIV, feston *(plus un en très mauvais état)*.

426. — Trois Plats ovales, bordure Louis XV, festons.

427. — Un Plat légumier rond à godrons, avec intérieur et couvercle.

428. — Un Plat à légumes rond, feston, à godrons et fleurs.

429. — Un Plat rond uni sur trépied, réchaud.

430. — Une grande Soupière ovale, avec intérieur et couvercle, style Louis XV.

431. — Deux petits Plateaux ronds, trois pieds, style Louis XV.

432. — Un autre Plat, trois pieds, à godrons.

433. — Une Casserole à oreilles, coquille.

434. — Deux petits Légumiers ovales avec couvercles.

435. — Six Assiettes à gâteaux, métal doré, style Louis XV.

436. — Une Boîte à sardines, intérieur cristal, style fin Louis XVI.

437. — Quatre Flambeaux feston, métal plaqué, style Louis XV (étranger).

438. — Deux sujets, Fillette et Garçon, bronze argenté.

439. — Deux Candélabres à deux lumières, métal plaqué, style Louis XV.

440. — Un Bougeoir, métal plaqué *(moderne)*.

441. — Un Flambeau, pieds carrés, époque du Directoire.

442. — Un Couvercle et une Assiette de beurrier *(moderne)*.

443. — Un Crémier ovale, métal argenté *(moderne)*.

444. — Un Moutardier, intérieur cristal, avec cuillère *(moderne)*.

445. — Une Cuillère à ragoût, métal argenté *(moderne)*.

446. — Une Boule à eau chaude pour manchon *(moderne)*.

447. — Un sujet bronze argenté « Enfant au pot cassé » *(moderne)*.

448. — Un Plat à asperges avec plateau *(moderne)*.

449. — Un Broc à champagne, cristal, monture métal argenté *(moderne)*.

450. — Un Porte-Bougie, deux lumières, sujet femme, bronze vert et doré.

451. — Un Cachet métal.

452. — Une paire de Candélabres, bronze doré à cinq lumières, modèle Louis XV.

453. — Douze Couteaux à dessert, manches métal argenté.

454. — Un lot de cinq Couteaux de table, trois Fourchettes, un Couteau à citron, le tout manches métal argenté.

ORFÈVRERIE ARGENT

(Suite)

455. — Un Plateau rectangulaire, fond guilloché, argent premier titre, pesant 585 gr.

456. — Un Plateau rond, trois griffes, bords perle, argent premier titre, pesant 348 gr.

457. — Un petit Plateau à lettres, argent premier titre, bordure laurier, pesant 190 gr.

458. — Un Plateau carré, quatre griffes, entièrement guilloché, argent premier titre, pesant 580 grammes.

459. — Un Vide-Poche Louis XV, argent premier titre, pesant 230 grammes.

460. — Une Assiette creuse, carrée, quatre pieds, argent premier titre, pesant 674 gr.

461. — Un Cache-Pot, quatre pieds, Louis XV, argent premier titre, pesant 1.370 gr.

462. — Un Cache-Pot, quatre pieds, Louis XV, argent premier titre, pesant 1.365 gr.

463. — Quatre Coupes, argent premier titre, pesant 1.334 grammes.

464. — Un Pot à bière avec couvercle, argent premier titre, pesant 855 grammes.

465. — Une Cafetière, trois griffes, huit Tasses Louis XV, argent premier titre, pesant 543 grammes.

466. — Une Cafetière Louis XVI, pied rond, huit Tasses, argent premier titre, pesant 700 grammes.

467. — Une Théière ovale à coque, argent premier titre, pesant 660 grammes.

468. — Un Pot à lait, pied rond, ciselé, argent premier titre, pesant 452 grammes.

469. — Un Sucrier à poudre avec couvercle, modèle repercé, argent premier titre, pesant 414 grammes.

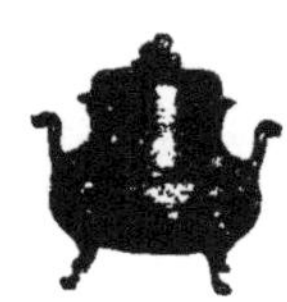
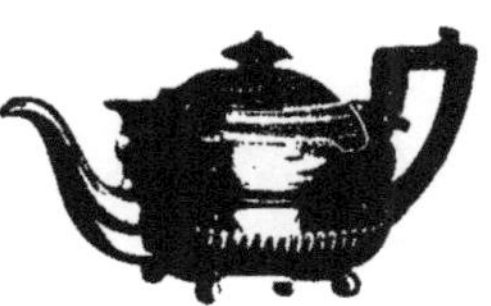

468
467
478
469

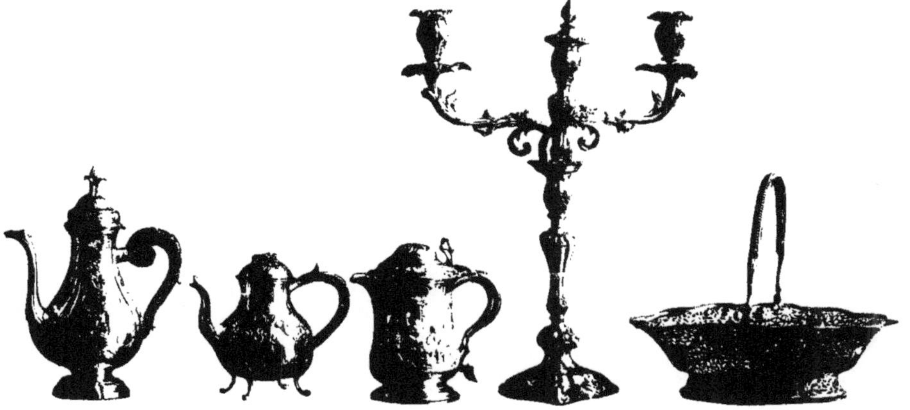

475
356
406
454
348

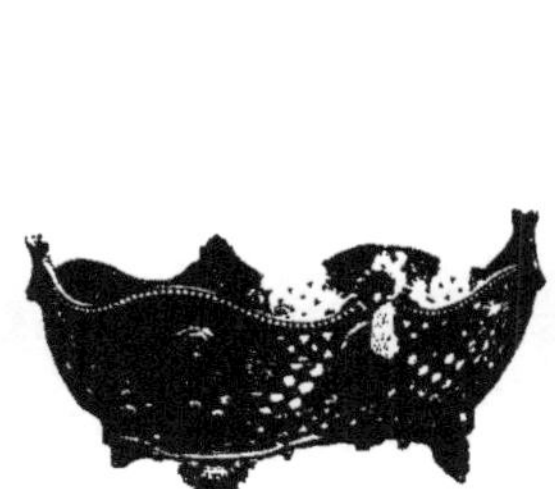

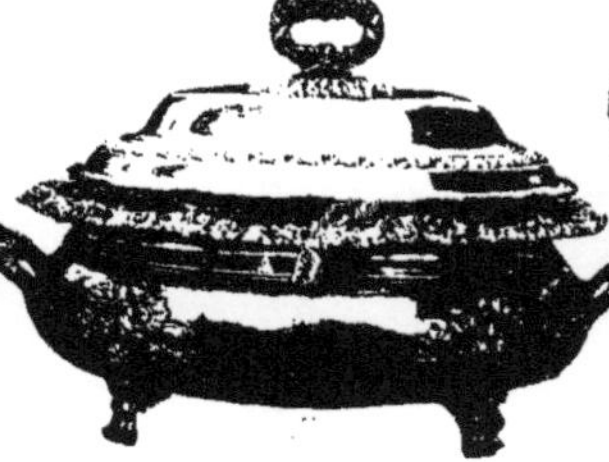
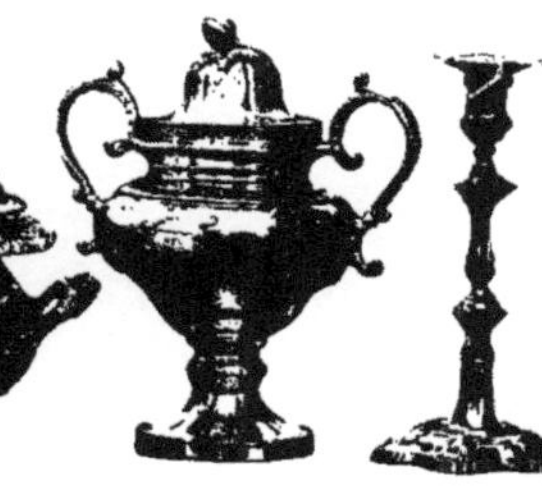

476
438
338
351

470. — Deux Poudrières à sucre, ciselées, argent premier titre, pesant 862 grammes.

471. — Une Poudrière à sucre, unie, argent premier titre, pesant 258 grammes.

472. — Une Poudrière à sucre, unie, argent premier titre, pesant 165 grammes.

473. — Une Cafetière, argent premier titre, pesant 920 grammes.

474. — Une Jardinière ovale, repercée, guirlandes, argent premier titre, pesant 1.090 gr.

475. — Une Jardinière ovale, ciselée, fond guilloché, initiales argent, pesant 738 gr.

476. — Un Sucrier, quatre griffes, avec couvercle, argent premier titre, pesant 408 gr.

477. — Une Théière Empire, deux Tasses, argent doré, pesant 190 grammes.

478. — Une Cafetière assortie, pesant 175 grammes.

479. — Un Pot à lait assorti, pesant 75 grammes.

480. — Une petite Cafetière, trois griffes, argent premier titre, pesant 155 grammes.

481. — Une Timbale sur pied, pesant 58 grammes.

482. — Une Timbale avec couvercle et poignée, argent premier titre, pesant 210 gr.

483. — Une petite Cafetière unie, deux Tasses, argent premier titre, pesant 218 gr.

484. — Un Pot à eau chaude, entièrement ciselé, argent, pesant 620 grammes.

485. — Une Cafetière, huit Tasses, argent, entièrement ciselée, pesant 588 grammes.

486. — Une Cafetière, quatre Tasses, argent premier titre, modèle martelé, pesant 360 gr.

487. — Deux Porte-Bouteilles, argent premier titre, fond bois, pesant 675 gr. environ.

488. — Une Bonbonnière ovale avec couvercle, argent, pesant 320 grammes.

489. — Un Encrier, argent premier titre, deux godets cristal, bouchons argent, 460 grammes environ.

490. — Un Plateau à œufs, argent premier titre, pesant 420 grammes.

491. — Une Bouilloire, douze Tasses, avec support et lampe, le tout en argent premier titre, pesant ensemble 1.635 grammes.

492. — Une Fontaine à thé avec pied, argent premier titre, et lampe métal, pesant 1.085 grammes.

493. — Un Sucrier avec anses et couvercle, argent, pesant 268 grammes.

494. — Deux Cendriers, argent, pesant 102 grammes.

495. — Un pied de Fontaine à thé, le tout argent premier titre, pesant 380 grammes.

496. — Un Bol à sucre, quatre griffes, argent premier titre, pesant 495 grammes.

497. — Une Lampe à alcool, argent, pesant 175 grammes.

498. — Un Couvercle, argent premier titre, pesant 100 grammes.

499. — Douze Couverts à dessert, argent premier titre doré, pesant 1.385 grammes.

500. — Douze Fourchettes à gâteau, pesant 355 grammes.

501. — Seize Couteaux à fruit, manches et lames argent.

502. — Deux Moulins à poivre, argent premier titre.

503. — Une Cuillère à sucre, argent premier titre, pesant 62 grammes.

504. — Une petite Cuillère à sucre, argent premier titre, pesant 48 grammes.

505. — Un Gratte-Miettes, argent premier titre, pesant 180 grammes.

506. — Deux Cuillères à punch, pesant 138 grammes.

507. — Un Crochet à bottine, manche argent.

508. — Une Pince à sucre, argent, pesant 39 grammes.

509. — Une Lampe de fumeur, argent premier titre doré, pesant 300 grammes.

510. — Douze Salières, argent, pesant 175 grammes.

511. — Un Plateau avec ciseau mouchettes, le tout argent, pesant 338 grammes.

512. — Un Plateau, argent, fond bois.

513. — Un Flambeau, argent, premier titre, cote torse.

514. — Une Boîte à cigarettes, argent, intérieur bois, initiales rapportées E G L, pesant 400 grammes environ.

515. — Boîte à allumettes, pesant 188 grammes.

516. — Boîte à cigarettes, argent premier titre, pesant 320 grammes environ.

517. — Boîte à cigarettes, argent premier titre, pesant 360 grammes environ.

518. — Un Plateau vide-poche, pesant 240 grammes.

519. — Un Plateau vide-poche, pesant 135 grammes.

520. — Deux Cendriers, forme trèfle et cœur, pesant 58 grammes.

521. — Deux Rouleaux de serviette, pesant 65 grammes.

522. — Un Cendier argent, pesant 83 grammes.

523. — Trois Bibelots de vitrine, un Fauteuil, une Chaise, une Bonbonnière, plus trois Pelles à sel, pesant 158 grammes.

524. — Une Pince à sucre argent, pesant 30 grammes.

525. — Un Passe-Thé, argent, pesant 68 grammes.

526. — Un Mouille-Timbre, cristal, bouchon argent, pesant 12 grammes environ.

527. — Douze Couteaux à fruit, manches nacre, lames, viroles et culots argent doré.

528. — Douze Cuillères à thé, argent, pesant 124 grammes.

529. — Trente-quatre Couteaux de table et quatre Fourchettes, manches argent, lames acier.

ORFÈVRERIE MÉTAL

(Suite)

530. — Cinquante-six Fourchettes de table et vingt-huit Cuillères de table.

531. — Trente-quatre Fourchettes de dessert et vingt-trois Cuillères.

532. — Dix-neuf Cuillères à café.

533. — Quatre Cuillères à sauce et quatre Cuillères à moutarde.

534. — Quarante Couteaux de table (modèle feuillage), et trois Couteaux (modèle coquille).

535. — Un Réchaud avec couvercle.

536. — Un Légumier avec couvercle.

537. — Un Légumier.

538. — Une Jatte à légumes.

539. — Une Jatte à légumes.

540. — Un Plat rond, feston.

541. — Un Plat ovale, bordure unie.

542. — Un Plat ovale, bordure unie.

543. — Un Plat ovale, bordure godron.

544. — Un plat ovale, bordure godron.

545. — Un Plat ovale, bordure godron.

546. — Un Plat ovale, bordure godron.

547. — Un Plat ovale, bordure coquille.

548. — Un petit Plateau ovale, quatre pieds.

549. — Un petit Plateau rond, trois griffes.

550. — Un Plateau rectangulaire.

551. — Un Plateau rectangulaire Louis XV, à anse.

552. — Un Plat rond, bordure contour.

553. — Un Plat rond, bordure contour.

554. — Un Plat rond, bordure contour.

555. — Un Plateau rond, trois griffes, guilloché.

556. — Un Plateau rond, trois griffes, guilloché.

557. — Un Plateau rond, trois griffes, guilloché.

558. — Un Plateau rond, trois griffes, uni.

559. — Une Jatte à légumes, ronde.

560. — Une Saucière, un bec, trois griffes.

561. — Une Saucière, un bec, trois griffes.

562. — Un Saucier ovale découvert.

563. — Un Crémier assorti.

564. — Un Huilier cristaux, monture fil.

565. — Un Porte-Sodas.

566. — Une Cafetière filtre russe.

567. — Une Boîte à poudre, ronde, avec couvercle.

568. — Deux Bouillotes à eau chaude électrique.

569. — Une Bouillotte à eau chaude électrique.

570. — Un Bougeoir, modèle perle.

571. — Un Bougeoir, modèle perle, avec éteignoir.

572. — Un Bougeoir, modèle feuillage, avec éteignoir.

573. — Un Service à œufs à la coque.

574. — Un Beurrier cristal avec couvercle et soucoupe métal.

575. — Un Beurrier cristal avec couvercle et soucoupe métal.

576. — Un Couvercle et une Soucoupe.

577. — Un petit Flacon à liqueur.

578. — Quatre Salières rondes, trois griffes, modèle à cotes.

579. — Un Sujet, bronze argenté.

580. — Un Sujet, bronze argenté.

581. — Un Sujet, bronze argenté.

582. — Une paire Flambeaux Empire, plaqués, pieds ronds.

583. — Une paire Flambeaux Empire, plaqués, pieds carrés.

584. — Un petit Bol à sucre.

585. — Une Grille à pain rôti.

586. — Un Gratte-Miettes.

587. — Une Pince à asperges.

588. — Un Passe-Thé à manche.

589. — Une Cuillère à sauce.

590. — Un Couteau à beurre.

591. — Une Boule à eau chaude, pour manchon.

295
471
364
408
353

468
341
415
414

482
350
492
589
357

363
564
470
354
357
472
388

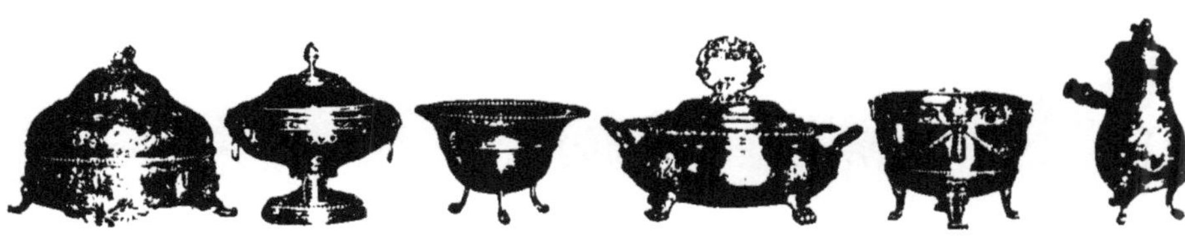

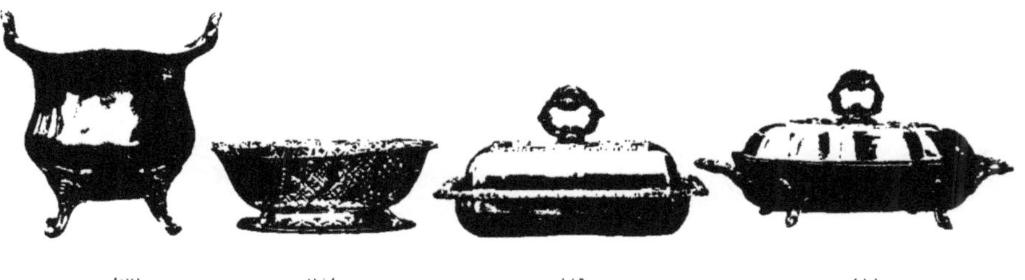

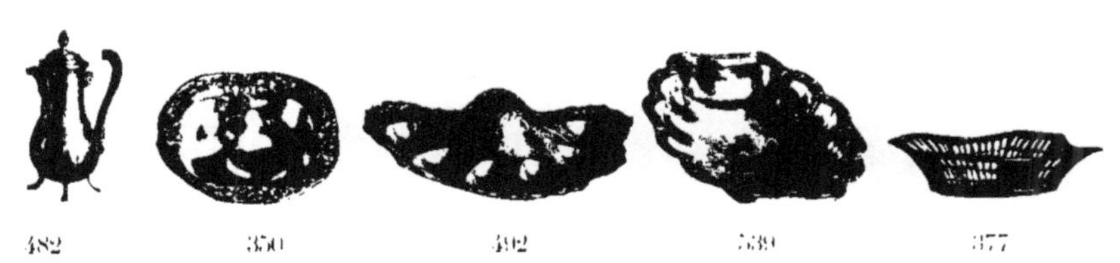

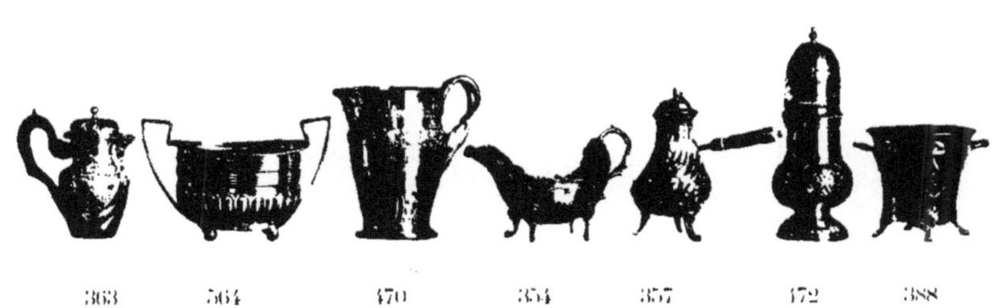

Pl. X.

592. — Dix-sept Couteaux à fruit, lames argentées.

593. — Douze Couteaux table, manches nacre, lames acier.

594. — Neuf Couteaux dessert, manches nacre, lames acier.

595. — Douze Couteaux table, manche métal argenté, lames acier.

596. — Un lot de : un Passe-Thé, un Éteignoir, trois Brochettes, sept Pelles à sel.

597. — Un lot de sept poignées de Légumiers.

598. — Un lot de Tire-Bottes et Pinces pour chaussures.

NOTA

On vendra, le Mardi 17 Février, et jours suivants, à 1 h. 1/2 :

LE MOBILIER MODERNE

garnissant L'HOTEL LAWRANCE

COMPRENANT NOTAMMENT :

MEUBLES DE SALON : Mobilier style Louis XVI, bois doré, Canapé Chesterfield, Fauteuils, Chaises, Chaises longues, Consoles bois doré, Glaces, Vitrines, Piano à queue, Tables acajou et marqueterie, Lustres, Appliques, Tentures, etc., etc.

MEUBLES DE SALLE A MANGER : Tables et Dessertes acajou, Tentures.

MEUBLES DE BIBLIOTHÈQUE : Canapés et Fauteuils garnis en maroquin, Bibliothèques, Livres, Tentures.

MEUBLES DE HALL ET DE VESTIBULE.

MEUBLES DE CHAMBRES A COUCHER : Armoires à glace, Armoires anglaises acajou, Lits en cuivre, Tables, Commodes, Bureaux, Fauteuils, Chaises, Chaises longues, Glaces, Garnitures de foyer, Toilettes acajou et marbre avec leurs garnitures, Tapis, Tentures, Gravures, etc., etc.

MEUBLES D'OFFICE ET DE CUISINE : Vaisselle, Verrerie, Porcelaines, Ustensiles de Cuisine, etc., etc.

---

*On pourra **visiter** tous les matins de 10 h. 1/2 à 11 h. 1/2 les meubles qui seront vendus l'après-midi.*

*Au comptant et **10** %, en sus.*

PAU

IMPRIMERIE - LITHOGRAPHIE GARET & HARISTOY

—

Photos SUBERCAZE, Pau.